Joachim Kleine, Die Hankels auf Hankels Ablage

Die Familie Hankel, ein Stammbaum

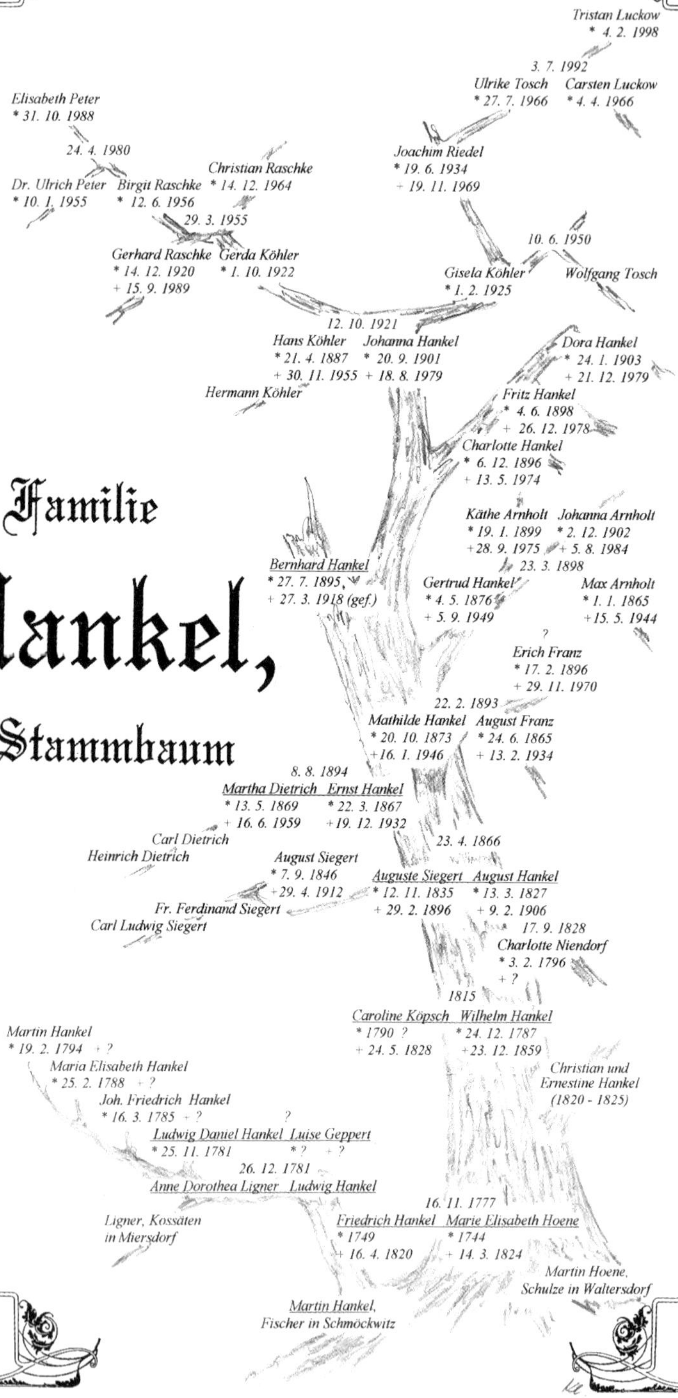

Joachim Kleine

Die Hankels auf Hankels Ablage

Wo Theodor Fontane in der Sommerfrische war

Irmtraud Carl Verlag

Autor und Verlag danken allen, die zur Entstehung des Büchleins beitrugen und sein Erscheinen ermöglichten. Besonderen Dank weiß der Autor Frau Gisela Tosch für die bereitwillige Überlassung zahlreicher Dokumente und Fotos aus dem Familienarchiv und vielerlei Hinweise auf familiengeschichtliche Daten und Begebenheiten; Herrn Bernd Fischer für seine originellen Zeichnungen; Herrn Dieter Buchhierl, Dr. Gotthard Erler, Dr. Manfred Horlitz, Frau Edith Krauß und Herrn Hans-Günter Mattern für die Beschaffung bzw. Vermittlung von Bildern und Nachdruckrechten, die freundliche Durchsicht von Entwürfen und für ihre hilfreichen Empfehlungen. Dankbar verbunden fühlen wir uns dem Aufbau-Verlag Berlin, der uns den Nachdruck der Fontane-Briefe freundlich gestattete; Frau Ingeborg Fontane, Herrn Peter Hein, dem DESY Zeuthen, dem Brandenburgischen Landeshauptarchiv und dem Theodor-Fontane-Archiv in Potsdam, der Nationalgalerie sowie der Deutschen Staatsbibliothek zu Berlin, die uns erlaubten, Kopien von Autographen, Bildern und Karten zu verwenden. Ohne die großzügigen Spenden von Frau Gisela Buggisch, der Peter Dussmann GmbH & Co KG, der Familie Gädtke, des Gewerbevereins Zeuthen, von Frau Prof. Charlotte Jolles, Frau Ingrid Kalähne, Frau Edith Krauß, Frau Prof. Eda Sagarra, der Sparkasse Dahme-Spreewald und weiterer Fontane-Freunde hätte das Büchlein nicht gedruckt werden können. All diesen selbstlosen Förderern sei nochmals von Herzen gedankt.

ISBN 3-931133-07-9

1. Auflage 1999

Satz: Peter Rohr Druckservice GmbH, 15738 Zeuthen, Am Tonberg 5
Druck: Druckhaus Am Treptower Park
Weiterverarbeitung: Buchbinderei Am Treptower Park

Inhalt

Vorwort

„... Ah, superbe. Das ist siebziger, nicht wahr? Und nun lassen Sie uns anstoßen, ja auf was? Auf das Wohl von Hankels Ablage." Der Wirt war augenscheinlich entzückt, und Botho, der wohl sah, welchen guten Eindruck er machte, fuhr deshalb in dem ihm eigenen leichten und leutseligen Tone fort: „Ich find es reizend hier, und nur eins läßt sich gegen Hankels Ablage sagen: der Name."

„Ja," bestätigte der Wirt, „der Name, der läßt viel zu wünschen übrig und ist eigentlich ein Malheur für uns. Und doch hat es seine Richtigkeit damit, Hankels Ablage war nämlich wirklich eine Ablage, und so heißt es denn auch so."

„Gut. Aber das bringt uns nicht weiter. Warum hieß es Ablage? Was ist Ablage?"

„Nun, wir können auch sagen: Aus- und Einladestelle. Das ganze Land hierherum ... war nämlich immer ein großes Dominium und hieß unter dem Alten Fritzen und auch früher schon unter dem Soldatenkönig die Herrschaft Wusterhausen. Und es gehörten wohl an die dreißig Dörfer dazu, samt Forst und Heide. Nun sehen Sie, die dreißig Dörfer, die schafften natürlich was und brauchten was, oder was dasselbe sagen will, sie hatten Ausfuhr und Einfuhr, und für beides brauchten sie von Anfang an einen Hafen- und Stapelplatz, und konnte nur noch zweifelhaft sein, welche Stelle man dafür wählen würde. Da wählten sie *diese* hier, diese Bucht wurde Hafen, Stapelplatz, ‚Ablage' für alles, was kam und ging, und weil der Fischer, der damals hier wohnte, beiläufig mein Ahnherr, Hankel hieß, so hatten wir eine ‚Hankels Ablage'."

Wer Theodor Fontanes „Irrungen, Wirrungen" gelesen hat, kennt diese Stelle aus dem 12. Kapitel. Ich möchte der Erklärung von Bothos Gastwirt ein Stück nachgehen, die Vergangenheit des Ortes und seiner namengebenden Bewohner erhellen und zu einigen Quellen hinführen, aus denen der Dichter möglicherweise geschöpft hat. Dem Leser werden einige Eigentümlichkeiten brandenburgischer Besiedelungsgeschichte und einer märkischen Familie begegnen, in der sich urwüchsige Kraft und Bauernschläue, Selbstbewußtsein und Scharfblick für das Zeitgemäße, Großzügigkeit und Bedachtsein auf den eigenen Vorteil mischen, bis die Tragik der Zeitläufte auch dieser Fischerfamilie ein Ende setzte.

Nicht alles verhielt sich in Wirklichkeit ganz so, wie Theodor Fontane es beschrieben hat. In den wenigen Wochen, die er 1884 und ein Jahr später auf Hankels Ablage zubrachte, ist ihm manch Irrtum unterlaufen. Oder er verflocht um des lebendigen Gesamteindrucks willen absichtlich Wirkliches und Erfundenes zu einer „neugeordneten Realität", wie Günter de Bruyn es bezeichnet. Das jedoch geschah mit soviel Feingefühl für das Wesentliche, daß Fontane seine Leser unwillkürlich überzeugt: Ja, so könnte es gewesen sein, und sie Dichtung für Wahrheit nehmen.

Von Zeit zu Zeit trifft man auf Besucher, die – Theodor Fontanes Beschreibungen wie einen Baedecker zur Hand – eifrig nach Gebäuden oder anderen Zeitzeugnissen suchen, die sich so nicht finden lassen, weil der Dichter manches umgeformt oder miteinander verwoben hat. Den Wirt zum Beispiel. Als Theodor Fontane sich im Mai 1884 bei Rudolph Käppel einmietete, war Käppels Restaurant das einzige auf Hankels Ablage; denn die frühere, von den Hankels anfänglich betriebene, später verpachtete „Krugwirtschaft" gab es nicht mehr: Sie war zwei Jahre zuvor abgebrannt und wurde nicht wieder aufgebaut. Über die Herkunft seines Logierherrn Käppel teilte Theodor Fontane am 13. Mai 1884 seiner Frau in einem Briefe mit, er sei Thüringer von Geburt, sie, die Wirtin, eine Berlinerin. So war es auch. In dem eingangs zitierten Gespräch aus dem Roman nennt nun der Wirt den Fischer Hankel „beiläufig" seinen Ahnherrn. In Wirklichkeit waren die Käppels mit den Hankels nicht verwandt, sie waren nur Nachbarn. Rudolph Käppel war über den Adoptivvater seiner Frau Luise, den Königlichen Kanzleirat Heidenreich, zu seiner Restauration gekommen. Heidenreich hatte 1869 Grund und Boden von August Hankel gekauft und die spätere Gaststätte als Wohnhaus darauf errichten lassen. 1877 erbte Frau Käppel, geb. Horschke, Haus und Grundstück.

Theodor Fontane räumte solche Unstimmigkeiten unumwunden selbst ein. An Emil Schiff – einen seiner Kritiker –

schrieb er am 15. Februar 1888: „Es bleibt ... bei den Andeutungen der Dinge, bei der bekannten Kinderunterschrift: ‚Dies soll ein Baum sein.‘ ... Es ist mir selber fraglich, ob man von einem Balkon der Landgrafenstraße aus den Wilmersdorfer Turm oder die Charlottenburger Kuppel sehen kann oder nicht. ... Kalendermacher würden gewiß leicht herausrechnen, daß in der und der Woche in dem und dem Jahre Neumond gewesen sei, mithin kein Halbmond über dem Elefantenhause gestanden haben könne. Gärtner würden sich vielleicht wundern, was ich alles im Dörrschen Garten a tempo blühen und reifen lasse; Fischzüchter, daß ich – vielleicht – Muränen und Maränen verwechselt habe; Militärs, daß ich ein Gardebataillon mit voller Musik vom Exerzierplatz kommen lasse; Jacobikirchenbeamte, daß ich den alten Jacobikirchhof für ‚tot‘ erkläre, während noch immer auf ihm begraben wird. Dies ist eine kleine Blumenlese, eine ganz kleine; denn ich bin überzeugt, daß auf jeder Seite etwas Irrtümliches zu finden ist. Und doch bin ich ehrlich bestrebt gewesen, das wirkliche Leben zu schildern. Es geht halt nit. Man muß schon zufrieden sein, wenn wenigstens der Totaleindruck der ist: ‚Ja, das ist Leben.‘“

Ablagen überall – doch nur eine „Hankels Ablage“

Ablagen gab es jahrhundertelang an vielen Gewässern der Mark Brandenburg. Theodor Fontane hat den Begriff durchaus treffend erklärt. In Schlimperts „Brandenburgischem Namenbuch“ von 1972 heißt es, das Wort leite sich vom niederdeutschen „afleggen“ her: „eine Ware niederlegen“. Im Niederdeutschen, so stand es schon vor zwei Jahrhunderten in Friedrich Wilhelm Stoschs „Kleinen Beiträgen zur näheren Kenntnis der deutschen Sprache“, bezeichnete das Wort „einen Ort am Wasser, wo es flaches Ufer hat und man das Holz abladet, welches hernach in Flößen verbunden ... und fortgeschwemmt wird“.

Wie jetzt noch im Spreewald, so spielten solche Umschlagplätze vormals in dünnbesiedelten, noch unwegsamen Fluß- und Seeniederungen eine wichtige wirtschaftliche Rolle. Was man heutzutage an schweren Lasten vielfach auf Straßen und Schienenwegen transportiert, das flößte man früher über weite Strecken, oder man schipperte es in Kähnen und Schuten über die Gewässer. Waren sie seicht, so stakte man mit Stangen. Waren sie tiefer, verwendete man Ruder und Treibsegel. Anderswo treckte oder treidelte man die Lastschiffe an langen Seilen vom Ufer aus von Anlandeplatz zu Anlandeplatz. Wegen solch immenser Bedeutung des Wassertransports war der Flurname „Ablage“ überall in der Mark Brandenburg gebräuchlich. Viele Stellen an Flüssen und Seen wurden so genannt. In Berlin-Spandau gibt es die einstige „Bürgerablage“ noch jetzt im Stadtplan. Der Maler Walter Kuphal zeichnete die AblageWeilickenberg bei Neuruppin – um nur diese zwei Beispiele zu nennen.

Zum Nachlaß der Familie Hankel gehört ein vergilbter Lageplan mit den Grenzen der Zeuthener Fischgewässer. Vermutlich ist er in den 70er oder 80er Jahren des vorigen Jahrhunderts angefertigt worden, die Datierung ging verloren. An den umliegenden Flüssen und Seen sind nicht weniger als acht Ablagen vermerkt: Eine Ablage gab es am Nordende der Großen Krampe. Sie gehörte zum Dorfe Müggelheim. Eine

Ablage Weilickenberg. Radierung von Walter Kuphal. Privatbesitz

andere befand sich nahe Wernsdorf am Ostzipfel des Krossinsees. Später ist daraus eine noch jetzt benutzte Badestelle geworden. Auch der weite Badestrand gegenüber Schmöckwitz, von der Dahmebrücke aus gut zu überschauen, war früher eine Ablage. Im Ortsbereich von Wildau waren zwei Ablagen im Betrieb: eine an der Dahmeschmalung zwischen Sellenzug- und Mellenzugsee gegenüber dem Niederlehmer Werder. Die zweite, zugleich Fährstelle, lag etwas weiter südlich, gegenüber dem alten Dorfkern von Niederlehme, am Verbindungsweg nach Hoherlehme. Es ist anzunehmen, daß sie es ist, die der Maler Otto Scherfling in den 1860er Jahren aquarelliert hat: Man blickt über die Dahme hinweg auf die Kirche von Niederlehme und die inzwischen weitgehend abgetragenen Schmulangsberge im Hintergrund. Damals war die Kirche von Niederlehme das einzige Gotteshaus zwischen Schmöckwitz und Königs Wusterhausen, das man über den Fluß hinweg sehen konnte. Die Bildunterschrift „Bei Hankels Ablage" ist also ein bißchen ungenau. Aber so ähnlich, wie es der Maler hier festhielt, hat es wohl an vielen solcher Anlegeplätze ausgesehen: Ein kahler Fleck, abgelegte Stämme, ein paar Pfähle zum Befestigen der Kähne – mehr war da nicht.

Im Bereich des Zeuthener Sees gab es gleich drei Ablagen. Die nördlichste befand sich in Höhe der Ortsgrenze zu Eichwalde, wo die Friedenstraße am See endet. Unmittelbar südlich der Einmündung des Plumpenfließes in den See befand sich die mittlere. Hier stand längere Zeit eine Ziegelei. Sie bezog ihren Rohstoff aus der Tongrube, die jetzt der Miersdorfer Badesee ausfüllt. Längs des Forstweges wurde er mit Pferdefuhrwerken, später auf einem Feldbahngleis mit Loren herangeschafft. An dieser Ablage werden also hauptsächlich Bausteine nach Berlin verladen worden sein. Die dritte schließlich, die Hankelsche, erstreckte sich längs der Bucht, die dem Zeuthener See südlich vorgelagert ist, gegenüber von Rauchfangswerder.

Ablagen also in Hülle und Fülle. Aber nur eine darunter, die mit dem Familiennamen eines Bewohners verbunden wurde und so als Flurname bis heute erhalten blieb. Wie kam es dazu?

Die meisten Ablagen waren und blieben, solange sie bestanden, öffentliche Plätze und beschränkten sich auf ihren ursprünglichen Zweck als Liege- und Verladestellen. So auch am Südwestende des Zeuthener Sees bis tief ins 18. Jahrhundert. Doch gegen Ende der Regierungszeit Friedrichs II. änderte sich hier etwas Wesentliches: Ein Teil der Holzablage, bisher zu den Königlichen Forsten gehörend, wurde aufgegeben und kolonisiert.

Wir stoßen hier auf einen für die Zivilisierung der Mark Brandenburg, für das Wachstum ihrer Besiedelungsstruktur, ihrer Wirtschaft und ihres Landschaftsbildes ganz wichtigen, ja entscheidenden Vorgang: auf die sogenannte Binnenkolonisation. Im 17. und 18. Jahrhundert errichtete Preußen in bis dahin unbewohnten oder nur dünn besiedelten Landstrichen auf Staatskosten Kleinbauernhäuser, Büdner- oder Kolonistenwohnungen, wie man sie nannte. Die vergab man an ausgediente Soldaten, zugezogene Bauern und Handwerker, und zwar zu verhältnismäßig günstigen Bedingungen. Junge Märker ohne eigene Existenzgrundlage sollten so an die Scholle gebunden und vom Auswandern abgehalten werden. Mehr noch suchte man damit tüchtige, unternehmungslustige Leute aus benachbarten Fürstentümern ins Land zu locken und hier seßhaft zu machen.

Die preußischen Könige meinten mit gutem Grund, ihr Staatssäckel ließe sich am besten füllen, wenn die Gewerbe, wenn Handel und Wandel florierten. In einer größeren Bevölkerungsdichte sahen sie eine wichtige Bedingung dafür. Schon Friedrich Wilhelm I. huldigte dem Grundsatz: Wenn das „Land gut peupliret" werde, das sei „der rechte Reichtum" eines Staates. Nach den verheerenden Kriegen seines Sohnes Friedrich – Preußen verlor in den Schlachten der Schlesischen Kriege und des Siebenjährigen Krieges allein zwischen 1741 und 1760 nahezu 247 000 Mann – verstärkte sich der Zwang, vor allem den dezimierten männlichen Teil der Bevölkerung wieder zu vergrößern und die darniederliegenden Gewerbe zu beleben. Darum folgerte auch Friedrich II.: „Man muß also auf eine möglichst hohe Bevölkerungszahl sehen." Er ließ die Besiedelung des flachen Landes kräftig fördern und setzte sie gegen Widerstände unwilliger oder unfähiger Beamten und Grundherren eisern durch.

Mit Sachverstand kümmerte sich Friedrich selbst um Einzelheiten, die ihm für den Erfolg des Ganzen wesentlich erschienen: „Sollen sie (die Kolonisten – J. K.) ihr Auskommen haben, so müssen sie ein Haus, ein Gärtchen und genug Weideland besitzen, um zwei Kühe zu halten", lesen wir in seinem Politischen Testament von 1752.

Zu den segensreichsten Leistungen unter seiner Regentschaft gehörte zweifellos die Entwässerung und Kultivierung des Oderbruchs zwischen 1747 und 1753, dann die Trockenlegung des Warthe- und Netzebruchs nach dem Siebenjährigen Krieg, also nach 1763. Doch die Urbarmachung beschränkte sich nicht auf diese Gebiete. Eine im Jahre 1800 in Frankfurt an der Oder gedruckte Gesamtübersicht über die Kolonisteneinwanderung in Preußen zwischen 1640 und 1786 resümiert: „Man kann annehmen, daß der König 500 (exakt waren es 532 – J. K.) Dörfer und Vorwerke neu gebaut ... und daß der Staat an 215 000 Seelen hierdurch gewonnen hat." Das bedeutete seinerzeit einen ganz beträchtlichen Zuwachs an Wirtschaftskraft und wird ein Ruhmesblatt preußischer Staatsklugheit bleiben.

Franz Balthasar Schönberg v. Brenkenhoff (1723–1780) nach einem Ölgemälde von Ch. F. R. Lisiewski. Privatbesitz. B., als Wirklicher Geheimer Finanz-, Kriegs- und Domänenrat seit 1762 in preußischem Staatsdienst, genoß das volle Vertrauen des Königs und wurde nach dem Siebenjährigen Krieg zum Hauptorganisator der preußischen Binnenkolonisation

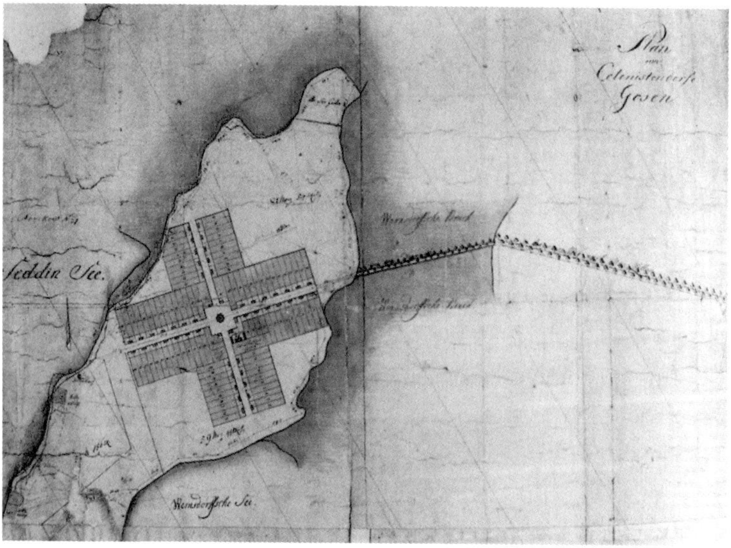

Plan für die Anlage des Kolonistendorfes Gosen im Rahmen der preußischen Binnenkolonisation

Die Besiedlung der Ablage an der Dahme – ein Beispiel preußischer Binnenkolonisation

In der damaligen Herrschaft Wusterhausen entstanden zwar nicht ganz neue Dörfer, wie etwa das benachbarte Müggelheim im Amtsbezirk Köpenick oder Gosen und Neuzittau. Zu einzelnen, folgenreichen Ansiedlungen kam es indessen auch hier. So vermerkte Willy Spatz in seiner historischen Beschreibung des Teltow, Band III: 1781 wurden „auf Radelander Acker" – also im Gemeindebereich des heutigen Eichwalde – zwei Erbzinsstellen für Einwanderer aus der Pfalz angelegt. Im selben Jahr, im August 1781, wurde dem Schneidergesellen Ludwig Hankel, zugewandert aus Oderin in der Niederlausitz, die damals zum Kurfürstentum Sachsen gehörte, an der zu Miersdorf gehörenden Ablage ein Büdnerhäuschen und zwei Flecken Land in Erbpacht gegeben.

Erbpacht. Das hieß, der Pächter bekam ein erbliches Nutzungsrecht an Haus und Grundstück. Dieses Recht konnte er veräußern. Doch das Land blieb Eigentum des Grundherrn. Bevor der Siedler in sein Nutzungsrecht eintreten durfte, mußte er dem Eigentümer ein vertraglich festgelegtes Erbstandsgeld zahlen, ein „Laudemium". Und fortan war er ihm eine jährliche Rente in Geld und Naturalien schuldig. Auf eigene Kosten mußte er das Anwesen in ordentlichem Zustand erhalten. Unterließ er das oder geriet er in Schulden, so konnte ihn der Grundherr jederzeit und ohne weiteres hinauswerfen. Wollte der Erbpächter seine Pacht verkaufen, so hatte er die Zustimmung der Herrschaft einzuholen. Wenn er starb, ohne Erben zu hinterlassen, fiel das Gut an die Herrschaft zurück.

So hielt man es in Preußen bis zur Mitte des vorigen Jahrhunderts. 1850 löste dann ein Gesetz die Erbpachten ab und verwandelte sie in volles Eigentum. Aus den jährlichen Zahlungs- und Leistungsverpflichtungen wurden ablösbare Hypotheken.

Um eine solche Erbverschreibung handelte es sich auch bei Ludwig Hankel. Darin wird der Zusammenhang dieses einzelnen Aktes in der Herrschaft Wusterhausen mit der Ansiedlungspolitik der preußischen Krone im ganzen sichtbar. Ausdrücklich bestimmte Artikel 1 des Vertrages: „Es muß aber dieser Verkauf oder diese Veräußerung an einen Ausländer, welcher in den Königl. Preuß. Landen noch kein eigenes Feuer und Bord gehabt, geschehen, und muß der Käufer den Gerichten vorgestellt werden, damit selbige den Verkauf gehörig untersuchen und befundenen Umständen nach bestäthigen können." Diese „Umstände" wurden anscheinend für in Ordnung befunden. Und so hieß es denn: „Nachdem Se. Königl. Mayestaet von Preußen, Unser allergnädigster Herr, zum Etablissement einer nahmhaften Anzahl ausländischer Büdner und Spinner Familien auf dem glatten Lande und bey den Städten in der Churmark, die dazu erforderlichen Bau Kosten aus höchst ders. Cahse allerhuldreichst" haben „anweisen laßen, und dergleichen Familien Etablissement auch in dem hiesigen Amte und zwar bey dem Dorfe Miersdorff zustande gebracht" haben, ist „dem Schneider Ludwig Hanckel, aus Oderin gebürtig, die neu erbaute Büdner Wohnung neben dem Fischer Hause cum pertinentus (mit Zubehör – J. K.), als zu Haus und Hof und Garthen (ein) Fleck von ... 1 Morgen 157 Quadratruthen, zur Wiese aber (ein) Fleck von der Wiese, welche zur Meyerey Radeland gehöret und auf das Ziethensche (auf Zeuthener Flur – J. K.) belegen ist, von 1 Morgen 36 Quadratruthen, auf Erbzinß überlassen und übergeben worden." Die nichtmetrischen Maße galten in Preußen offiziell bis 1868, blieben aber danach noch lange in Gebrauch. Ein Morgen betrug in Preußen etwa $^1/_2$ ha, eine Quadratrute entsprach reichlichen 14 m².

Die Bedingungen des Erbpachtvertrages für Ludwig Hankel sind auf acht engbeschriebenen, heute kaum noch lesbaren Seiten niedergeschrieben worden. In aller Kürze sei das Wichtigste daraus genannt: Ludwig Hankel durfte das Haus drei Jahre lang mietfrei bewohnen. Ihm wurde erlaubt, eine Kuh, ein Kalb und ein Schwein zu halten und auf die Miersdorfer Gemeindeweide zu treiben. Als einmaliges Zugeständnis bekam er unentgeltlich Holz zur Umzäunung seines Gartens zugesprochen und durfte nach Verständigung des zuständigen Forstbeamten dürres Feuerholz im benachbarten Wald aufsammeln.

Dafür hatte er – nach der mietfreien Zeit – eine jährliche Pacht von 3 Talern und 8 Groschen zu zahlen, die Feuerversicherung zu begleichen, jährlich einen Hüterlohn von 12 Gro-

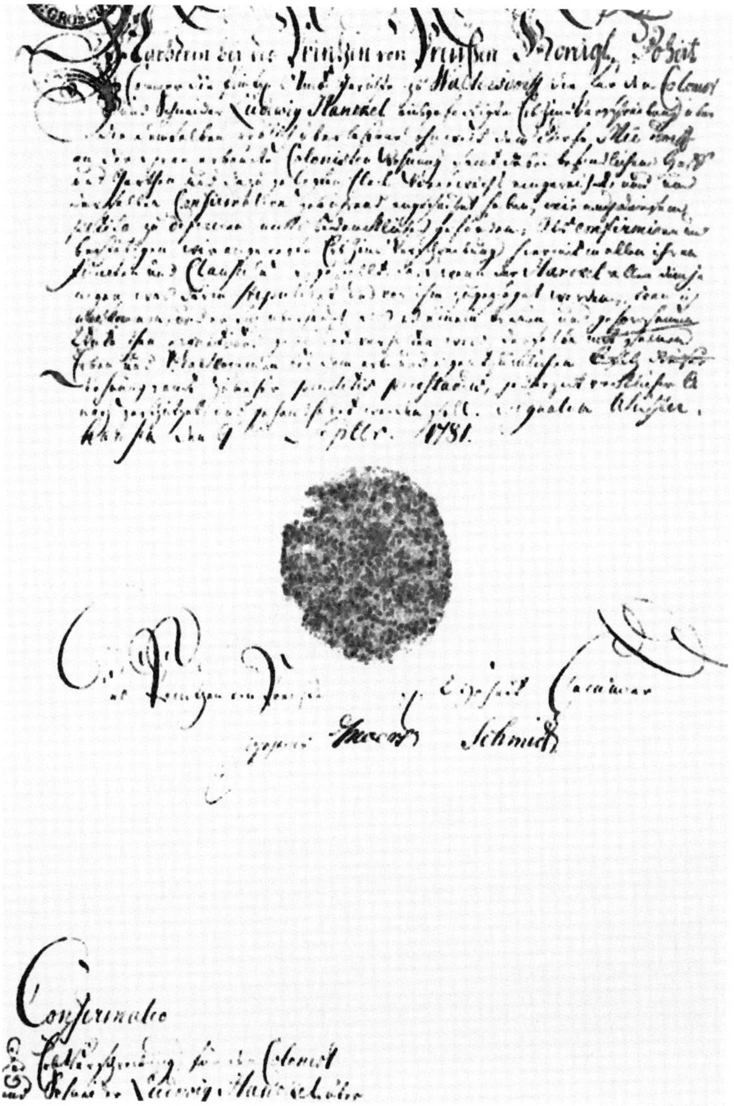

Erbverschreibung für den Colonist und Schneider Ludewig Hanckel vom 9. September 1781. Privatbesitz. Titelseite

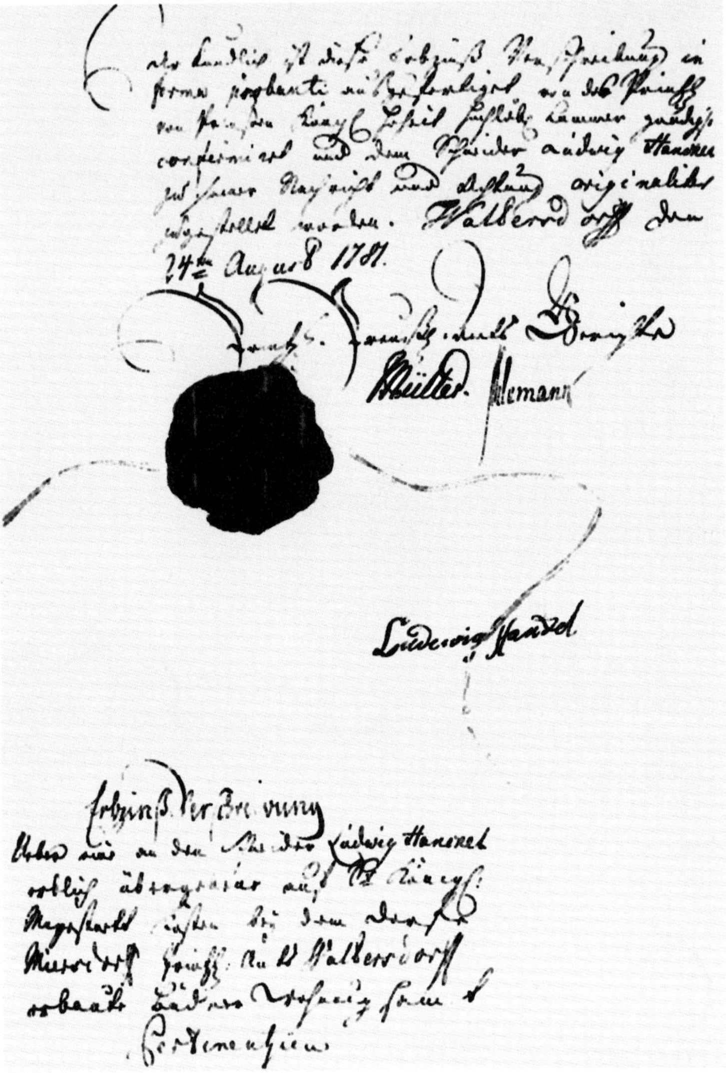

Erbverschreibung für den Colonist und Schneider Ludewig Hanckel vom 9. September 1781. Privatbesitz. Letzte Seite mit Ludewig Hanckels Unterschrift

schen pro Stück Vieh und eine „angemessene“ – dies blieb unbestimmt – Kirchensteuer zu entrichten.

Hinzu kamen einige andere Auflagen. So waren jährlich 1 Scheffel (reichlich 100 Liter) Kienäpfel oder ersatzweise vier Groschen abzuliefern. Es waren, weil sich die Spatzen zu einer Landplage vermehrt hatten, 6 Schock (also 360!) Sperlingsköpfe vorzuweisen oder für jeden nicht erlegten Spatzen drei Pfennige zu zahlen.

Bier und Schnaps mußte der Büdner Hankel beim Amtsgut Waltersdorf kaufen. Kamen Soldaten des Königs in die Gegend, so hatte er ihnen Quartier zu gewähren. Schließlich und nicht zuletzt wurden ihm Königstreue und staatsbürgerliches Wohlverhalten abverlangt.

Für den Fall eines Verkaufs oder Verfalls der Pacht bestimmte der Vertrag, daß Wohnung und Garten dann vorzugsweise „mit einem Ausländer oder ausrangierten Soldaten“ zu besetzen seien. So trat auch in dieser Klausel der von der Krone verfolgte Zweck solcher Erbverschreibungen deutlich hervor.

Wie sah nun so eine Büdnerwohnung aus? Im Hankelschen Dokumentennachlaß fanden sich keine näheren Angaben. Um dennoch eine Vorstellung zu vermitteln, sei auf den Aufriß eines Schäferhauses in dem einige Jahre vorher errichteten Vorwerk Friedersdorf verwiesen: ein Fachwerkhäuschen von etwa 8 x 9 m Grundfläche, auf einem Sockel aus Feldsteinen gegründet, mit einem Sattel- oder Krüppelwalmdach aus Schilfrohr. Flur, Küche, Wohnstube, eine Schlafkammer oder zwei bis drei kleine Kämmerchen, vielleicht noch ein kleiner Keller und ein Hausboden – damit hatte es sich. Malerisch für den Betrachter von heute mutet so eine Kate an, aber ziemlich eng und niedrig war sie für die Landleute, die jahraus, jahrein darin hausen mußten. Und doch war, wer so ein „Hüsung“ erlangen konnte, glücklich zu preisen, denn wievielen blieb es versagt.

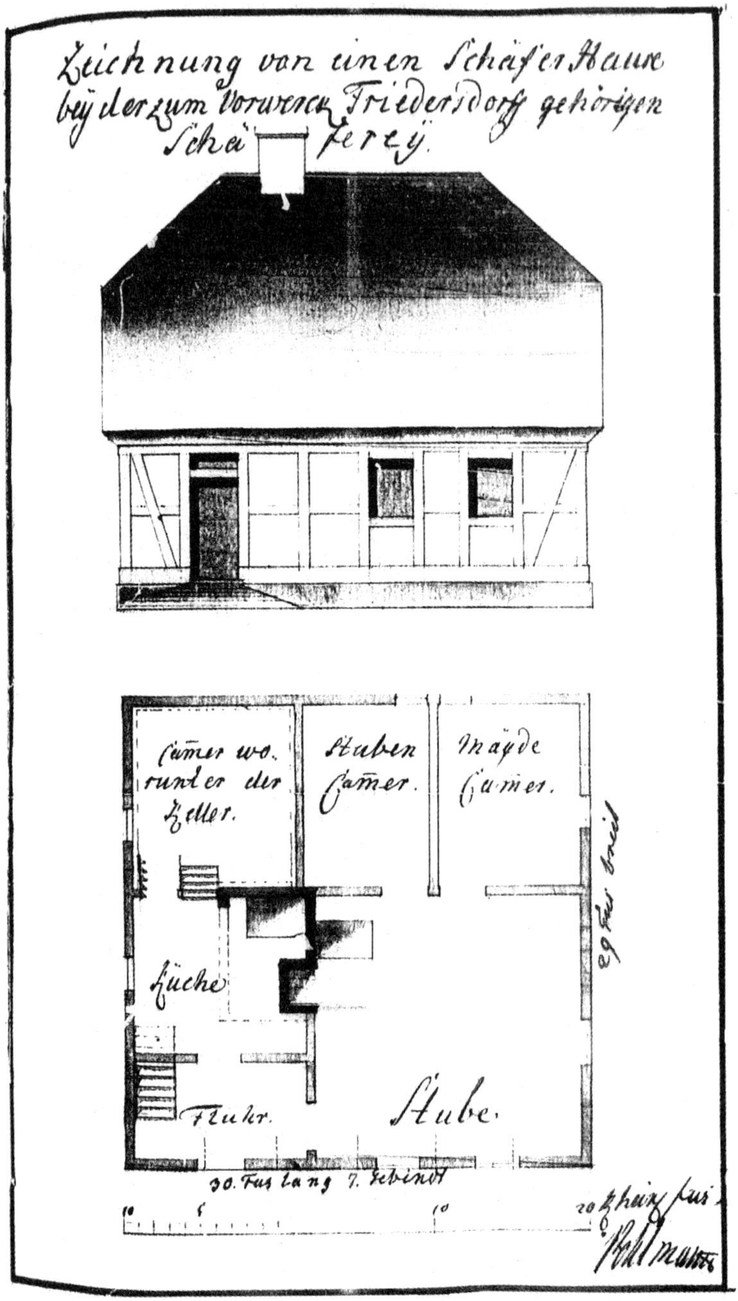

Seitenansicht und Gundriß eines im 18. Jahrhundert beim Vorwerk Friedersdorf erbauten Schäferhauses. BLH Rep. 2A IIID. Nr. 19400

Der Fischer und „Erbzinsmann“ Friedrich Hankel siedelt sich an

Begonnen hatte die Bebauung der Ablage am Zeuthener See schon 1774. Da war auf herrschaftliche Kosten auf der Landzunge gegenüber dem Bockswerder ein Fischerhaus errichtet und dem Amtsfischer Friedrich Hankel zur Bewirtschaftung anvertraut worden. 1749 einer alteingesessenen Schmöckwitzer Fischerfamilie entsprossen, hatte dieser Hankel im Bornstedtischen Infanterie-Regiment gedient. Es heißt, er habe den Soldatenzopf bis an sein Lebensende getragen. Nach seiner Abmusterung hatte er sich beim Amte Waltersdorf verdingt, denn die Schmöckwitzer Fischerei fiel an den älteren Bruder. 1777 heiratete er die Waltersdorfer Dorfschulzentochter, und man kann annehmen, daß er seitdem im Fischerhause wohnte. Zunächst war sein Wohnrecht dort ein Deputat gewesen, ein Teil seines Arbeitsentgeltes vom Amt, bis ihm Haus und Grundstück im Juli 1789 in Erbpacht übergeben wurden.

Das Original der Erbverschreibung befindet sich – von der Ur-Ur-Urenkelin Frau Tosch sorgsam gehütet – im Familienarchiv. Man sieht dem alten Schriftstück an: Es ist in den mehr als 200 Jahren, seitdem es von Amts wegen verkündet wurde, oft zur Hand genommen worden. Das hat Spuren hinterlassen. Es mußte konserviert werden, damit wenigstens die Reste erhalten bleiben.

In seinen Grundverfügungen ähnelt das Dokument dem schon beschriebenen. Einige Bestimmungen regelten aber die besonderen Pflichten und Rechte des „Erbzinsmannes“ Friedrich Hankel, wie er sich nun nennen durfte.

Natürlich hatte Friedrich Hankel vor allem die ihm zugewiesenen Gewässer zu befischen und seinen Fang zuerst dem Amt zu Vorzugspreisen anzubieten. Ihm oblag die sogenannte Kleinfischerei, der Fischfang in den ufernahen Zonen, mit Standnetzen und Reusen. Die Großfischerei mit Schleppnetzen auf freiem Wasser stand ihm nicht zu; sie gehörte dem Amte Köpenick. Der Fischer hatte sich streng an die in der

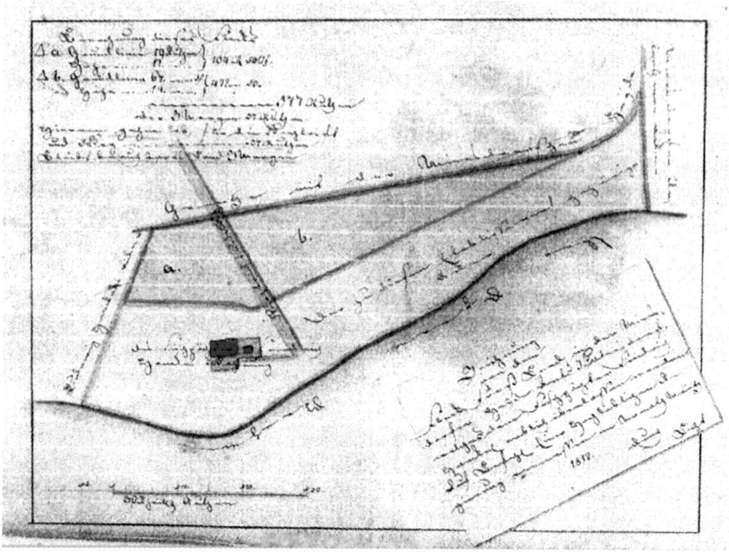

Lageplan von 1812. Anläßlich der Zupachtung eines Streifens Forstlandes zeigt er die Lage des Fischer- und Gasthauses Hankels

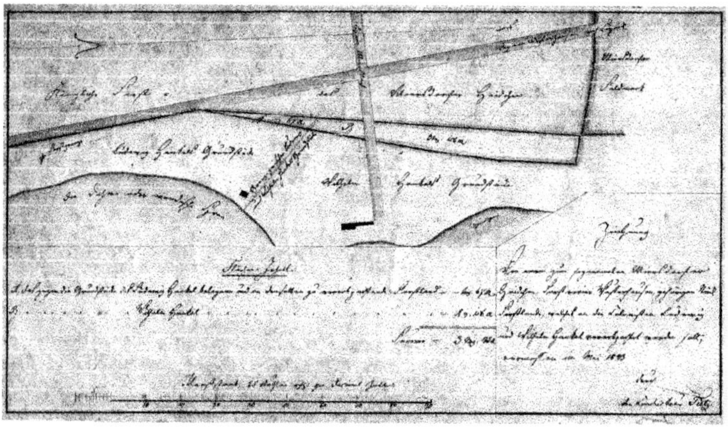

Lageplan von 1823. Anläßlich der Zupachtung einiger Streifen Forstlandes zeigt er Lage und Grenzen der Erbpachtgrundstücke Ludwig und Wilhelm Hankels und ihrer beiden Häuser

Büdnerhaus aus dem 18. Jahrhundert.
Federzeichnung von Bernd Fischer (1998)

Mark Brandenburg geltende Fischereiordnung zu halten. Insbesondere durfte er nur die für die Kleinfischerei zugelassenen Fanggeräte benutzen: drei- und einwandige Netze verschiedener Maschenweite für größere Fischarten oder für Kleinfische wie den Yklei; Aalreusen und Aalschnüre; Krebsreuse und Krebsfackel – um hier nur diese anzudeuten. Genau war die Laichzeit, die Schonzeit für den Fischbestand einzuhalten; all das wurde von der übergeordneten Fischereibehörde streng kontrolliert.

Das Fischwehr zwischen westlichem Dahmeufer und der Nordspitze des Miersdorfer Werders war baufällig geworden; Friedrich Hankel hatte es auf eigene Kosten wiederherzurichten und fortan zu unterhalten. Dafür durfte er die – recht einträgliche – Wehrfischerei mitbetreiben: Vor die Lücken im Wehr wurden Aalkörbe oder Garnsäcke in die Strömung gehängt.

Den Fisch, den ihm das Amt Waltersdorf nicht abnahm, konnte Fischer Hankel auf eigene Rechnung an Fischhändler oder auf dem Berliner Fischmarkt verkaufen.

Die „Krug-Wirtschaft“ im Fischerhause hatte Friedrich Hankel mitzubetreiben und die nötigen Mengen Bier und Branntwein vom Amtsgut zu beziehen. Dafür bekam er jedes 20. Faß Bier und jedes 20. Quart Schnaps – einen reichlichen Liter – kostenlos geliefert. Der Ausschank bestand also im

Die alte Hankelsche Krug-Wirtschaft.
Federzeichnung von Bernd Fischer (1998)

Fischerhause von vornherein. Er ist nicht, wie es einige Beschreibungen behaupten, erst später eingerichtet worden.

Berichte über das Gasthaus lassen auf seine Bekanntheit schließen. Nicht immer wird es da ruhig und sittsam zugegangen sein, eher „ländlich-sittlich“ – sehr zum Leidwesen des Pfarradjunkten Arndt in Miersdorf. Mehr bekümmert als entrüstet, vertraute er seinem Tagebuch an: „In Züthen ist wenig Freude. Drei Wirte, unter ihnen der in jeder Beziehung elende Schulze und Kossäth Guthke, sind Säufer. Das so nah gelegene Wirtshaus Hankel, obwohl sein Besitzer ein verständiger Mann ist, ist ein Verderben für viele, gibt (es doch) reichlich Gelegenheit, die unglückselige Lieblingsneigung zu befriedigen.“

Es fällt auf, daß die Ablage in beiden Erbverschreibungen unerwähnt blieb. In der Tat hatten beide Hankels mit ihr zunächst nichts zu tun. Erst in einem Zusatz zum Vertrag mit Friedrich Hankel vom Februar 1796, der – auf dessen Ersuchen hin – seinem Pachtland einen Streifen angrenzenden Forstes zuschlug, wurde der Fischer zu einer Gegenleistung verpflichtet, nämlich darauf achtzugeben, daß von den auf die Ablage kommenden Fuhren und aus dem umliegenden Waldrevier „kein Holz entwendet werde“. Aus der besonderen

In der Karte des Teltower Kreises von 1837
findet sich der Name Hankels Ablage noch nicht

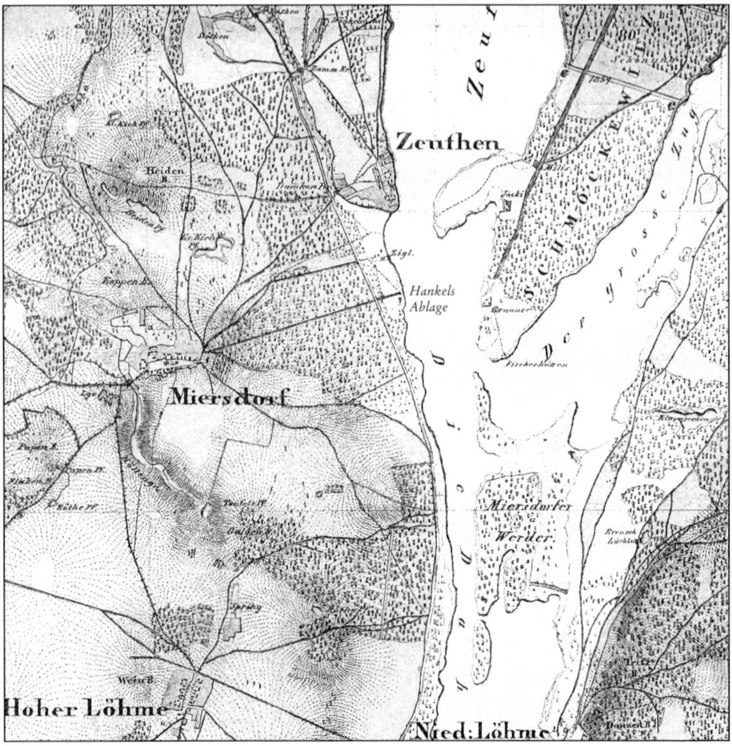

Im Maullschen Meßtischblatt von 1839 wird Hankels Ablage erstmals kartographisch festgestellt

Festlegung dieser Aufsichtspflicht kann man schließen, daß die eigentliche Ablage, solange sie bestand, nicht zu den Hankelschen Anwesen gehörte, sondern bei der Königlichen Forst verblieb.

Eine Vermessungsskizze, die der Berliner Fabrikant Spindler 95 Jahre später, 1891, anfertigen ließ, verzeichnete die Ablage nur noch am Südende der Bucht, im Bereich des jetzigen Fontaneplatzes und der angrenzenden Bootshäuser. Als sich das Verschwemmen von Holz von hier aus nicht mehr lohnte, diente dieser letzte Rest der Ablage noch eine zeitlang dem Anlanden und Lagern von Steinen, Schotter und Kies für den Straßenbau. Offiziell ist die Ablage 1898 aufgehoben worden.

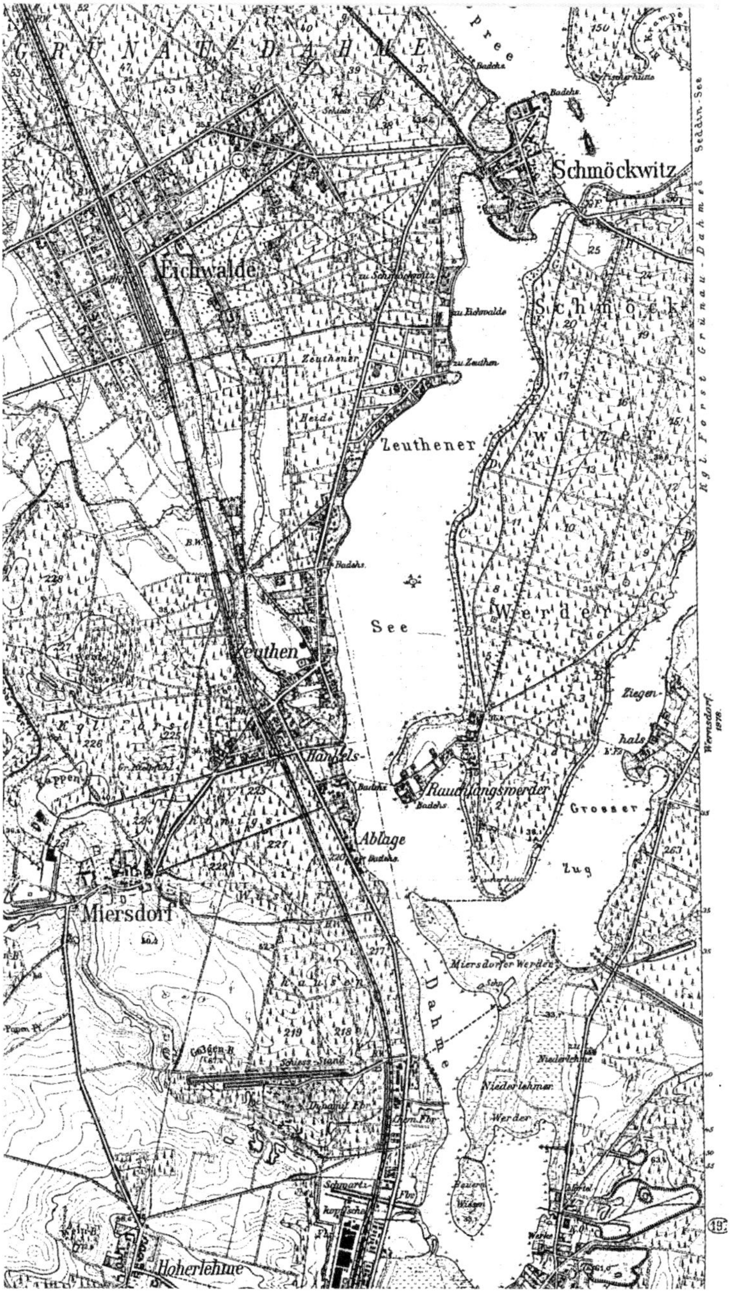

Meßtischblatt Nr. 1977. Königs Wusterhausen. Aufgenommen 1903, aktualisiert 1912, Kartenabteilung der Staatsbibliothek Berlin

Die Hankel-Fischer mehren ihren Besitz

Zwei Hankels bewohnten also gegen Ende des 18. Jahrhunderts die Ablage an der Dahme: Ludwig und Friedrich, Fischer der eine, Schneider der andere. Ihr gleicher Familienname legt die Frage nahe, ob und in welcher Weise sie miteinander verwandt waren. Einigen Eintragungen im Geburts- und Taufregister von Ragow nach zu urteilen (Ragow war damals Mutterkirche von Miersdorf) waren sie Brüder. Friedrich ist darin als Taufzeuge und Bruder Ludwigs, seine Frau als dessen Schwägerin aufgeführt. Dagegen spricht freilich, daß Ludwig in der Erbverschreibung von 1781 als „aus Oderin gebürtig" beglaubigt wurde. Das Oderiner Kirchenbuch, das die Zu- und Abgänge der Gemeinde im 18. Jahrhundert verzeichnete, ging 1945 in den Wirren des Kriegsendes verloren und war noch nicht wieder aufzufinden. So bleibt noch schlüssig zu beweisen, welche der beiden Versionen die richtige ist. Vielleicht war Ludwig auf der Wanderschaft nur in Oderin hängengeblieben und kehrte nun zurück? Vielleicht trickste man ein bißchen, damit er die Erbzinsstelle bekommen konnte, obwohl er eigentlich kein „Ausländer" war? Wer weiß. Für die Familiengeschichte der Hankels blieb es unerheblich; denn die Ludwigsche Linie endete schon in der nächsten Generation. Ludwig senior starb 1797, und seine Witwe Dorothea geb. Ligner hinterließ Haus und Pachtland später ihrem Sohn Ludwig junior. Der heiratete zwar auch, hatte aber keine Kinder.

Friedrich Hankel, der Fischer, dagegen übereignete schon ziemlich früh seinen Besitz dem 1787 geborenen Sohn Wilhelm. Mit wieviel Bauernschläue er dabei zu Werke ging, ist bemerkenswert. 1809 ließ er Besitz und Besitztitel auf den Sohn überschreiben. Noch nicht freilich den „Nießbrauch", das Nutzungsrecht! as behielt er sich auf Lebzeiten ausdrücklich selbst vor. Damit blieb die Besitzumschreibung faktisch noch unwirksam, aber doch keine bloße Formsache: Friedrich ersparte sich die Erbschaftssteuer. Zudem bedenke man, welch einen materiellen und moralischen Anreiz es für den jungen

Hankel bedeutete, sich des Vertrauens seines Vaters würdig zu erweisen. Das tat Wilhelm denn auch nach besten Kräften. Und als er 1820 voll in seine Rechte eintrat, setzte er fortan seinen ganzen Ehrgeiz daran, das Erbe durch Zupachtung oder Kauf angrenzender Ländereien zu vergrößern.

Wilhelm Hankel hatte 1815 Ernestine Friederike Caroline Köpsch geheiratet. Sie hatten vier Kinder miteinander. Der erste Sohn starb gleich nach der Geburt. Die Zwillinge, ein Junge und ein Mädchen, wurden mit fünf Jahren von einer Krankheit dahingerafft. Danach wurde am 12. März 1827 der Sohn Ludwig Ferdinand August Hankel geboren. Er war gerade ein Jahr alt, da starb mit 37 Jahren seine Mutter. Wilhelm blieb mit Fischerei, Krugwirtschaft und dem Wickelkind allein zurück. Da mußte bald wieder eine Frau ins Haus. Und so ehelichte er denn noch 1828 die Tochter des Stadtchirurgen und Bürgermeisters von Storkow, Charlotte Friederike Niendorf. In der Marienkirche zu Berlin wurden sie getraut. Charlotte zog den kleinen August groß. Sie war eine tüchtige Hausfrau. Ihre schmackhaften Fischgerichte machten das Gasthaus weithin bekannt.

Zu Wilhelm Hankels Zeit scheint sich auch der Name „Hankels Ablage“ eingebürgert zu haben. Jedenfalls wird er im Maullschen Meßtischblatt von 1839 erstmals kartographisch festgestellt. In der Karte v. Witzlebens von 1837 findet er sich noch nicht. Da ist an dieser Stelle nur eine Fischeransiedlung erwähnt.

1840 brachte Wilhelm Hankel auch das Anwesen seines Nachbarn und Namensvetters Ludwig jr. an sich. Dem und dessen Eheweib wurde dafür ein ansehnliches Altenteil zugestanden. Es ist interessant, was dem Fischer dieser beträchtliche Zugewinn an Land wert war.

Für des Schneidersohnes Grundstück wurde ein Kaufpreis von 400 Reichstalern berechnet. Er galt – bis auf einen Rest – durch Schulden Ludwigs an Wilhelm als abgegolten. Außerdem jedoch verpflichtete sich der Käufer gegenüber dem Verkäufer zu genau bestimmten Leistungen und haftete dafür mit seinem Grund und Boden.

Wilhelm überließ den Altsitzern eine beheizbare Stube nebst Schlafkammer, beides zugänglich durch einen separaten Eingang. Für die Heizung stellte er das Feuerholz und räumte die Mitbenutzung von Küche, Stall und Hausboden in dem Haus ein, das ihnen nun nicht mehr gehörte. Auch gestattete er die Bestellung eines Fleckens Gartenlandes, die Mitbenutzung des Holzplatzes und der Fußwege, die über das verkaufte Land führten.

Zum Ausgedinge für Ludwig jr. und Frau gehörte die Lieferung von jährlich 8 Scheffeln guten, gereinigten Roggens; 16 Scheffeln Kartoffeln, zur Hälfte rote, zur Hälfte weiße; eines halben gemästeten Schweins von 75 Pfund; ferner von 26 Pfund guter Butter und 4 Matzen – das waren rund 14 Liter – Kochspeise.

Monatlich beanspruchten die Altsitzer 1/2 Pfund Malzkaffee und 1 Pfund Rübensirup.

Wöchentlich waren ihnen 2 Käse, 3 Taler Taschengeld und 1 Quart Kornschnaps zu verabreichen.

Täglich bekamen sie 1/2 Quart – etwa 3/4 Liter – frische Milch. Darüber hinaus wurden Ludwig Hankel jedes Jahr 2 Hemden und 2 Paar leinene Hosen zugebilligt. Seine Frau mußte sich ihre Röcke und Blusen wohl selbst besorgen.

Starb einer der Altsitzer, so behielt der Überlebende seinen Anspruch auf die Hälfte der Naturalien und des Taschengeldes. Sollten die Alten hilfs- oder gar pflegebedürftig werden, so verpflichteten sich die Fischersleute, ihnen Aufwartung, Beköstigung und Reinigung zu gewähren. Allerdings fielen dann die Naturalien weg. Schließlich sagte Wilhelm Hankel zu, die Beerdigung der Altsitzer zu besorgen und auch die Kosten für den Kaufkontrakt zu übernehmen.

Bis ins kleinste wurde so alles schwarz auf weiß festgeschrieben. Nichts blieb unbeachtet, nicht einmal das Salz für die Suppe. Keiner der Kontrahenten gab sich mit vagen Zusicherungen auf Treu und Glauben hin zufrieden und ersparte sich damit künftigen Ärger.

Was den schrittweisen Zuerwerb von Land aus dem angrenzenden Forstrevier anbetrifft, so verdient beachtet zu werden, wie pedantisch der Fiskus und der König als Grundherr darauf bedacht waren, ihre fortbestehenden Rechte zu bekräftigen und zu verdeutlichen. Vor allem wurde der grundsätzliche Unterschied zwischen feudalem Grundeigentum und Erbpachtbesitz unmißverständlich hervorgehoben. Auf einem Hypothekenschein vom 8. Juni 1811 wurde festgestellt: „Die Besitzer dieser Fundi sind nicht Eigenthümer, sondern Erb-

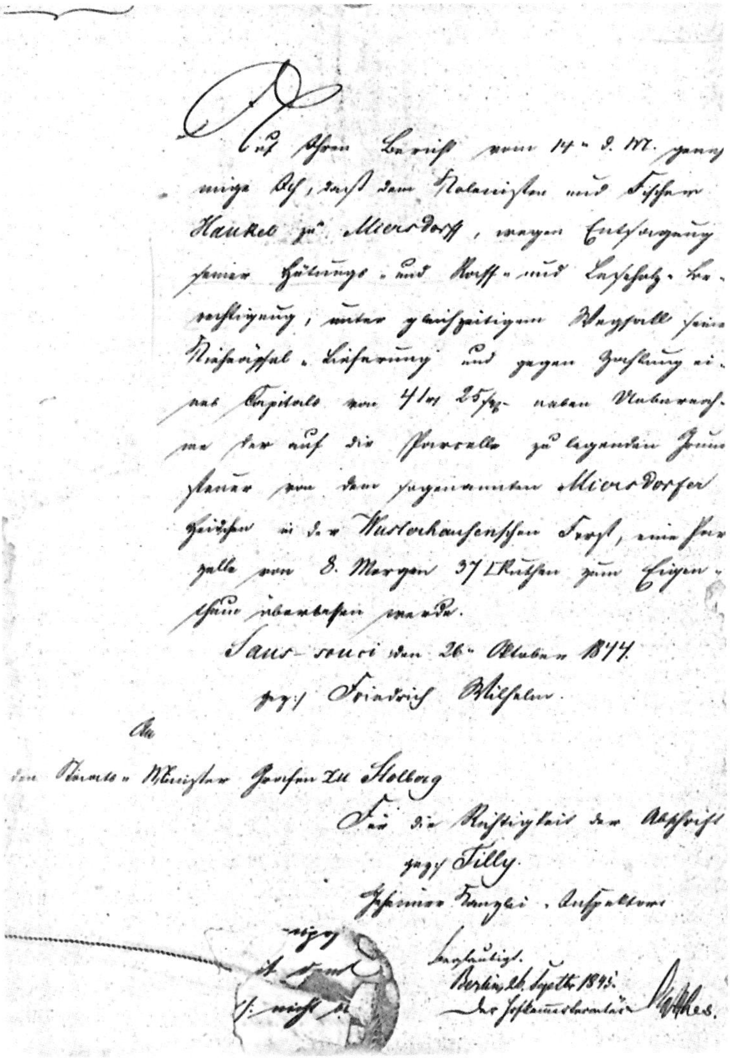
Auf Ihren Bericht vom 14. d. M. genehmige Ich, daß dem Kolonisten und Fischer Hankel zu Mierdorf, wegen Entschädigung seiner Hütungs- und Raff- und Leseholz-Berechtigung, unter gleichzeitigem Wegfall seiner Reisighaufen-Lieferung und gegen Zahlung eines Capitals von 41 rt 25 sg. neben Übernahme der auf die Parzelle zu legenden Grundsteuer von dem sogenannten Mierdorfer Heideken in der Wusterhausenschen Forst, eine Parzelle von 8. Morgen 37 Ruthen zum Eigenthum überlassen werde.

Sans-souci den 26. Oktober 1844.

gez. Friedrich Wilhelm.

An

den Staats-Minister Grafen zu Stolberg

Für die Richtigkeit der Abschrift

gez. Tilly.

Geheimer Kanzlei-Aufseher

Beglaubigt.
Berlin, 26. Septbr. 1845.
Der Hofkammer...

Genehmigung Friedrich Wilhelms IV. zur Überlassung einer Forstparzelle an den Erbpächter Wilhelm Hankel zu den im einzelnen genannten Bedingungen

pächter, und müssen nach den Erwerbsdocumenten vom 3. July 1789 und 19. Februar 1796 einen jährlichen Canon an das Amt Waltersdorf abführen." Schließlich heißt es da: „Das Obereigenthum des Erbpachtgrundstückes steht Sr. Majestät dem König zu." Auch das Jagdrecht verblieb uneingeschränkt beim Grundherrn, oder es mußte hinzugekauft werden – wie alle über die Vertragsbestimmungen hinausgehenden bzw. in ihnen nicht ausdrücklich geregelten Rechte. So betonte das Amt Waltersdorf mehrmals und bei jeder Erweiterung des Pachtlandes aufs neue, daß mit den überlassenen Landflecken keinerlei forstliche Nutzungsrechte erworben wurden. Die Hankels wurden darauf hingewiesen, daß der Baumbestand auf den überlassenen Geländestreifen gesondert geschätzt und daß dafür – falls sie darauf einen Anspruch erhöben – ein besonderer Kaufpreis an die Forstkasse zu entrichten sei. Auf all das gingen die Fischersleute bereitwillig ein, ging ihnen doch der Landerwerb über alles.

Wilhelms 1827 geborener Sohn August Hankel, der Zeitgenosse Theodor Fontanes, vollendete die „Landnahme" seines Vaters und Großvaters durch weitere Zukäufe. Gegen Ende der 60er Jahre gehörte den Hankels schließlich alles Land links der Straße Köpenick–Königs Wusterhausen im Bereich der heutigen Lindenallee, dazu noch Feld und Wiesen in Miersdorf und auf dem Miersdorfer Werder. Aus den Fischern und Pächtern waren Grundbesitzer geworden, und bald sollten ihre einträglichsten Gewinne nicht mehr aus Fisch-, sondern aus Grundstücksverkäufen fließen. Der Schankbetrieb – seit 1864 verpachtet – wurde aufgegeben. An die Stelle der alten, schilfgedeckten Fachwerkhäuser traten moderne Villen, die den gehobenen Stand betonten und an noble Sommergäste vermietet wurden.

Glanzzeit und Niedergang der Familie Hankel

August Hankel. In der Festschrift zum 25jährigen Bestehen des Fischerei-Vereins für die Mark Brandenburg 1903 schildert ihn Wilibald v. Schulenburg als kernigen, lebenstüchtigen Märker, der sich weithin eines respektablen Rufs erfreute: „Reich an Erfahrungen in der Fischerei, war er stets bedacht, das edle Fischereigewerbe mit weiser Mäßigung auszuüben."

Eine von mancherlei Anekdoten, die sich um „Vater Hankel" rankten, sei hier eingefügt. Da sei er einst „den Ziethen" – den Zeuthener See - „lang runter" gekommen, um an der „Ackerecke" – drüben vor Rauchfangswerder – die Netze zu inspizieren. Unweit von ihm saß ein Angler in seinem Kahn, und ein zweiter fragte ihn soeben, was er schon gefangen habe. „Heut' beißen sie", bekam er zur Antwort. „65 Barze hab' ich schon."

65 Barsche! Das ließ dem alten Hankel keine Ruhe, und er überlegte, wie er sich den Fang einmal näher beschauen könnte. Als er „Stücker vier Brachthechtchens" aus dem Netz gelöst hatte, ruderte er an den Angler heran. „Hören Sie, ich hab' kein Feuerzeug bei mir. Können wir nicht tauschen? Ich gebe Ihnen eine Zigarre, und Sie geben mir Feuer." Der Angler freute sich. „Haben Sie denn schon was?" fragte der Fischer beiläufig. Der Angler hob seinen Käscher aus dem Wasser, und Hankel sah: die meisten der Fische waren „untermaßig", nur ein paar hatten die vorgeschriebene Größe. Das war es, was er vermutet hatte. Er besah sich das Gezappel und meinte dann: „Einen Tausch haben wir ja schon gemacht, und keinen schlechten. Wollen wir noch einen machen? Die kleinen Barze könnt' ich brauchen. Ich gebe Ihnen die vier Hechte dafür, einverstanden?" Meinte es der Alte ernst, oder wollte er ihn foppen? Doch der blieb bei seinem Vorschlag, und die Fische wechselten ihren Besitzer. Hankel tat ein paar Züge an seiner Stumpe, paffte den blauen Rauch in die Luft, tippte mit dem Zeigefinger an seine Kappe und stieß ab. Als er sich ein paar Meter vom Angelkahn entfernt hatte, nahm er den Eimer mit den kleinen Barschen und schüttete sie in den See. - „Det sollt' ick man haben jewußt!" schrie der Angler. „Det sollt' ick man

haben jewußt!“ Doch Hankel meinte: „Was wollen Sie? Wir haben getauscht, und das hier ist nun meine Sache.“

W. v. Schulenburg erzählt von einem Frühlingsbesuch bei den Hankels, und wir erfahren, wie „abseitig“ und beschaulich man am Jahrhundertbeginn hier draußen noch vieles vorfand. Verkürzt seien einige seiner Eindrücke wiedergegeben. Treten wir vom Waldesrand her in Hankels Besitzung ein, schrieb von Schulenburg, „... so erblicken wir zu beiden Seiten wohlgepflegte Obstbäume in reicher Zahl ... Sang von Nachtigallen ertönt im Buschwerk, und weiterhin, wo wir ins Freie an den See hinaustreten, empfängt uns der Gesang des Karlkiek (des Drosselrohrsängers – J. K.), der sich an einem Rohrhalme wiegt über dem künstlich geflochtene Neste ... Plötzlich leuchtet es auf dem Wasser durch die Luft, als erstrahlte ein kostbares Geschmeide, und schnell wieder ist der Glanz entschwunden. Es war der ... Eisvogel, der in schnellem Fluge und flacher Bahn über das Wasser dahineilte. Und nicht hoch über uns weg zieht mit mächtigen Flügelschlägen der Knappenär (der Storch – J. K.) und schaut mit freundlichem Blick nieder auf das eine der Häuser, dem Großvater ein neues Enkelkind verkündend ... Hier, wo der Pfad endet, erhebt sich links eine wettergraue Fischerhütte mit allerlei Netzwerk, Gerät und Stangen, während in der Lichtung des Rohres, im wogenden Wasser, die Kähne und Fischkästen sich wiegen und rechts auf dem schmalen Wiesenstreifen, aufgehängt auf Stützen, die Reusen und Fischnetze trocknen. Alles atmet Frieden und Ruhe ...“

Als der Hausherr ihn dann durch seinen Obst- und Gemüsegarten führte, da habe er ihn auch als trefflichen Obst- und Weinzüchter kennenlernen können. Bei so manchem Gastmahl in Berlin hätten schon Hankelsche Trauben zum Nachtisch auf der Tafel gestanden, und mancher habe sie in dem Glauben gekostet, daß nur Ungarns Boden solche Frucht hervorbringen könne. „Und doch waren sie gediehen im ... Sande der Mark, ... unter des Meisters sorgender Pflege.“ Hier dürfte Wilibald v. Schulenburg denn doch ein wenig übertrieben haben. Doch die verrosteten Stäbe der Weinspaliere, es gibt sie heute noch, und Reben ranken sich darum.

Das Leben in märkischer Ländlichkeit, es war freilich keine bloße Sonntagsidylle, wie man aus v. Schulenburgs schwärmerischer Beschreibung schließen könnte. Es war selbst bei den wohlhabenden Hankels vor allem Mühe und Sorge.

August und Auguste Hankel mit ihren Töchtern Gertrud und Mathilde und dem Sohn Ernst

Ostern 1867 hatte August Hankel die begüterte Kossätentochter Auguste Siegert geheiratet. Sie gebar ihm bis 1880 neun Kinder. Drei wurden tot geboren, drei starben noch im Säuglings- oder Kleinkindalter. Doch drei der Hankel-Kinder wuchsen heran.

Das wohl berühmteste Familienbild der Fischersleute zeigt August und Auguste mit ihren Töchtern Mathilde und Gertrud und dem Sohn Ernst, auf eine Doppelflinte gestützt; denn der junge Hankel betrieb nicht nur die Fischerei, er frönte auch dem Waidwerk. Das könnte ihn mit Theodor Fontanes jüngstem Sohn Friedrich zusammengeführt haben, der seinen Freund Meyer zuweilen auf Jagdausflügen „dicht bei Hankels Ablage" begleitete und sich später, von Wolfgang E. Rost befragt, mancher Besuche auf Hankels Ablage entsann.

Was beschäftigte das Sinnen und Trachten des Fischers und Grundbesitzers über die alltäglichen Pflichten hinaus? Anläßlich eines Streites mit der Steuerbehörde, von der er meinte, sie habe ihn „überbürdet", listete August Hankel 1890/91 einmal seine kostspieligsten Unternehmungen in den verflossenen zwei Jahrzehnten auf. Sie sprechen für sich und sollen darum in Stichworten folgen.

1869 Land gekauft von Detring (dies war der letzte Landerwerb der Hankels – J. K.);
1870 neuen Stall gebaut;
1872 280 m Zaun an der Straße errichtet;
1874 Stationsgebäude mit Perron an der Görlitzer Bahn erbaut;
1876 altes Gasthaus dem Verkehr entsprechend vergrößert, Eiskeller und eine **größere Halle erbaut**;
1879/80 Ernst auf eine bessere Schule geschickt, die Lutherschule in Berlin;
1881 Villa erbaut;
1883 kleine Villa erbaut;
1888 Zaun erneuert;
1889 Instrument gekauft, für 800 Märker;
1870–90 Obstgehölze angepflanzt;
1889/90 Mathilde in die Töchterschule nach Königs Wusterhausen, danach in den Letteverein nach Berlin geschickt;
1890 Fassade der Villen mit Ölfarbe streichen lassen, Schutzpfähle in die Dahme eingerammt.

Als empfindlichsten Verlust in dieser Zeitspanne notierte August Hankel den **„Abbrand" des alten Wirtshauses 1882**. Seit 1864 war der Ausschank verpachtet gewesen. Nach dem Brand ließen die Hankels das Schankgeschäft auf ihrem Grundstück nicht wieder aufleben. Nur noch Logiergäste beherbergten sie in ihren neuen Villen.

August Hankels Aufrechnung zufolge beliefen sich Anschaffungen und Verluste zwischen 1869 und 1890 auf insgesamt 58 950 Mark. Nach heutigem Maßstab scheint das nicht allzuviel gewesen zu sein, doch zu jener Zeit war es eine beträchtliche Summe. August Hankel konnte sie nur aus den Erlösen seiner Landverkäufe bestreiten. Die brachten ihm in derselben Zeitspanne rund 132 000 Mark ein.

Bis in die 90er Jahre stieß August Hankel den größten Teil seines Grundbesitzes ab. Auch bei diesen Transaktionen erwies er sich als cleverer Geschäftsmann. Die mit den Gründerjahren einsetzende, sprunghaft steigende Nachfrage nach Grund und Boden nutzte er zu seinem Vorteil. Mit wieviel Gespür für die Marktlage er da zu Werke ging, läßt sich mit einem Diagramm veranschaulichen.

Die mittlere Kurve markiert die Entwicklung des Bodenkaufwertes im Berliner Raum zwischen 1872 und 1894: dem steilen Anstieg bis 1873 folgt der ebenso steile Absturz in den Jahren der Krise, des „Gründerkrachs“ danach, dann die allmähliche Erholung, die gegen Ende der 80er, Anfang der 90er Jahre einen neuen Gipfelpunkt erreicht.

Die obere Linie kennzeichnet den Besitzwechsel frei verkaufter Grundstücke in etwa der gleichen Zeitspanne, berechnet nach der jährlich umgesetzten Gesamtfläche. Man sieht: Die Kurve folgt im großen und ganzen der vorigen.

Vergleicht man damit nun die Grundstücksverkäufe August Hankels an gutsituierte Berliner Geschäftsleute, gemessen an den dabei erzielten jährlichen Einnahmen, so ergibt sich eine merkwürdige Ähnlichkeit und der Schluß: Der Mann hatte – nach anfänglichem Zögern – schnell begriffen, wann und in welchem Umfang sein Land am einträglichsten zu veräußern war.

Zum Hauptabnehmer Hankelscher Grundstücke wurde 1889 der Ziegeleibesitzer und Immobilienmakler Gustav Evers, der sich seines Geschäftsinteresses wegen zeitweise auf Hankels Ablage ansiedelte. Er baute etwa an der Stelle der alten Schankwirtschaft ein Landhaus – die Wohngebäude der jetzigen Lindenallee 12a – und betrieb von hier aus die Parzellierung des Areals zwischen Ahorn- und Platanenallee. Den Hankels gehörte nun nur noch ein Teil ihrer „Urgrundstücke“. In rascher Folge entstanden ringsum Sommervillen und Landhäuser. Anfang der 90er Jahre des vorigen Jahrhunderts zählte man auf Hankels Ablage bereits 36 Haupt- und Nebengebäude.

August Hankel war sich durchaus der Gefahren bewußt, die eine unbeschränkte Verwertung des von ihm verkauften Landes, aber auch von Grund und Boden in der weiteren Umgebung für die ländliche Natur mit sich bringen konnte: die Ausbreitung von Fabriken in den Berliner Vororten und die zunehmende Verschmutzung der Spree durch eingeleitete Abwässer mit ihren verheerenden Folgen für den Fischbestand. Dem suchte er gegenzusteuern, soweit es in seiner Macht stand. Noch in seinem letzten Landverkauf an den Berliner Rentier Slaby im Jahre 1894 (es handelte sich um das jetzige Grundstück Lindenallee 9) verlangte er dem Käufer die Verpflichtung ab, auf diesem Grundstück weder eine Gaststätte, noch eine Fabrikanlage zu errichten. Auch Rudolph Käppel und

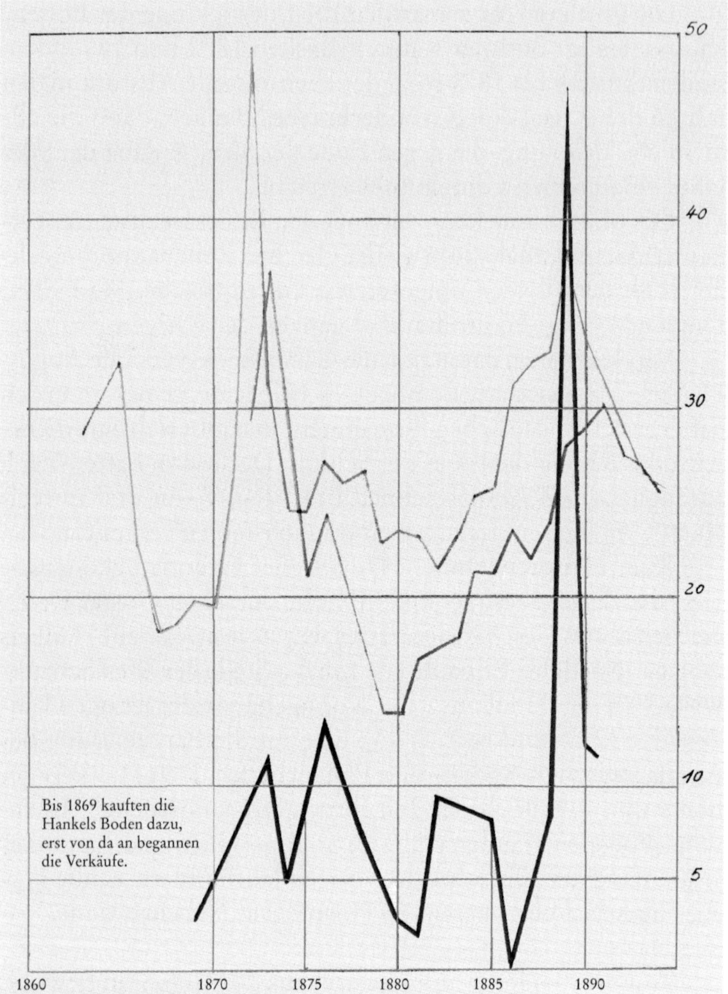

Grundstücksverkäufe August Hankels zwischen 1869 und 1890
nach der Höhe der dabei erzielten Erlöse (ausgedrückt in 1000 Mark)
Quelle: A. Hankels 1890 zur Begründung eines Einspruchs gegen seine Einkommensteuereinstufung angefertigte handschriftliche Übersicht.

August Hankels Bodenverkäufe zwischen 1869 und 1893, gemessen an der Entwicklung der Marktlage

andere namhafte Bürger von Hankels Ablage widersetzten sich energisch den Bestrebungen, die günstige Lage zwischen Bahnlinie und Fluß auszunutzen, um die Gegend zu industrialisieren. Dies bezeugt – neben anderem – ein Protest an das Landratsamt Teltow gegen die vom Chemiefabrikanten Blank geplante Errichtung einer Schwefelsäurefabrikation auf der Hoherlehmer (Wildauer) Flur vom 8. Mai 1890. Man appellierte hierbei nicht ohne Erfolg an die Bodenverwertungsinteressen der Königlichen Hofkammer: „Nachdem nun eine Currende gegen dieses Etablissement 126 Unterschriften ergeben, somit klargelegt ist, daß eine allgemeine Entrüstung dagegen Platz gegriffen, halten ergebenst Unterzeichnete es für ihre Pflicht, auch ... Königliche Hofkammer auf dieses Unternehmen aufmerksam zu machen, indem das der Königl. Hofkammer gehörige Miersdorfer Terrain (genannt Hankels Ablage) fast unmittelbar an das Blank'sche stößt und soviel von glaubwürdiger Seite verlautet, dasselbe zur Villegiatur möglichst hoch verwerthet werden soll. Wird nun eine Schwefelsäurefabrik errichtet, so wird selbstverständlich für Villenzwecke das Land werthlos und somit Königliche Hofkammer, wie alle übrigen Adjacenten empfindlich geschädigt."

Obwohl es nicht gelang, die Ansiedlung industrieller Großanlagen im benachbarten Wildau durch Schwartzkopff und Kuhnheim zu verhindern – mit all den daraus entstandenen schweren ökologischen Belastungen des Unterlaufs der Dahme, Belastungen, die erst jetzt allmählich behoben werden –, so konnte die Gegenwehr der Honoratioren von Hankels Ablage wenigstens in Miersdorf und Zeuthen selbst einen solchen Gang der Dinge abwenden. Wenn Zeuthen seinen gartenstädtischen Charakter und seinen Ruf als Wohn- und Erholungsort bis heute bewahren konnte, wenn von Anbeginn darauf geachtet wurde, daß sich die Gewerbegebiete, die auch hier entstanden, harmonisch in das Ortsbild einfügen, so war das auch und nicht zuletzt August Hankel und seinen wackeren Mitstreitern zu verdanken, die sich das öffentliche Interesse zu eigen machten und mit ihrer Autorität dafür eintraten.

Der Gerechtigkeitssinn der Hankels und ihre Streitbarkeit, wenn es um Recht und Ehre ging, war bei Nachbarn und Behörden bekannt und auch gefürchtet. Fünfundzwanzig Prozesse, berichtet v. Schulenburg, habe August Hankel bestritten und sie alle gewonnen. Manch hinterlassenes Dokument zeugt von der zähen Beharrlichkeit der Hankels. Freilich verließen sie nicht in jedem Falle als strahlende Sieger die Schranken des Gerichts; manchmal mußten sie sich auch mit einem Vergleich oder einer Niederlage abfinden.

1884 und 1885 – als Fontane Hankels Ablage besuchte – lag August Hankel mit den Büdnern von Rauchfangswerder im Streit um die Wegerechte auf seinem Grund und Boden. Er hatte die Sperrung des bis dahin freien Zugangs zur Bootsanlegestelle damit begründet, daß dieser Weg nur als Zugang zur alten Schankwirtschaft öffentlich und kostenlos gewesen sei. Den Leuten von Rauchfangswerder weiterhin freien und kostenlosen Durchgang zu gewähren, dazu gäbe es seit dem

„Villa Hankel", 1881 erbaut, 1980 abgerissen

August Hankels „kleine Villa", 1883 erbaut, heute Roehrichtscher Privatbesitz (Lindenallee 10)

Erlöschen des Schankbetriebs keine Veranlassung mehr. Dagegen verlangten die Kläger, der Weg solle auch weiterhin zum Betreten, Reiten und Befahren mit Karren und anderem Fuhrwerk offenbleiben. Sie beriefen sich auf Gewohnheitsrecht von alters her, gegen das auch die Hankels bis eben jetzt nichts einzuwenden gehabt hätten. Das Gericht gab den Klägern in erster Instanz recht, wies Hankel an, von der Anlegestelle bis zur Straße uneingeschränkten Durchgang zu gewähren, alle Behinderungen zu entfernen und fürderhin zu unterlassen. Zudem sollte Hankel die Kosten des Verfahrens tragen. Damit fand sich der Fischer aber nicht ab. Er ging in die Berufung, untermauerte seinen Standpunkt mit Verfügungen in einigen mit dem Amt Waltersdorf geschlossenen und noch immer gültigen Verträgen – darin war die Sperrung des Zugangs zu seinem Grundstück sogar angewiesen worden – und erreichte schließlich, daß sich die Kläger mit einem Fußpfad zum Ufer zufriedengeben mußten. Zudem wurden nun ihnen die Verfahrenskosten auferlegt. Es war ein Kompromiß, der freilich mit der Einrichtung des Fährverkehrs zwischen Rauchfangswerder und der neuen Gaststätte Käppel bald an praktischer Bedeutung verlor. Dem Leser von heute indessen offenbaren die vergilbten Gerichtsakten manche aufschlußreiche oder amüsante Einzelheit einstigen Lebens und Treibens auf der Ablage, von denen sonst nichts mehr kündet.

Beizeiten brachte August Hankel auch seinem Sohn Ernst bei, standhaft sein Recht zu suchen und seine Unbescholtenheit zu verteidigen, mochten Schuld und Sühne zuweilen auch nur geringfügig erscheinen.

Anfang Oktober 1890 hatten der junge Hankel und ein Gehilfe auf dem Zeuthener See eine sogenannte „Kricke" oder „Wathe" ausgeworfen, ein zweiflügeliges Trecknetz mit einem Garnsack. Wie Ernst später versicherte, taten sie es in dem guten Glauben, ein Fanggerät zu verwenden, das den Kleinfischern erlaubt, von ihnen auch schon oft benutzt worden sei. Das aber sah der Fischer Schulze vom Kietz Köpenick ganz anders. Er hatte die Großfischerei auf dem Zeuthener See gepachtet und zeigte den jungen Hankel an, gegen die Fischerei-Polizeiverordnung vom Oktober 1889 verstoßen zu haben. Die erlaubte den Kleinfischern den Fischfang mit Treckzeug nur zwischen Januar und April, wenn die Gewässer mit Eis bedeckt und die Laichzeit noch nicht begonnen hatte. Die Sache kam

Terrain-Verkauf

in der Villenkolonie Hankels Ablage

an der Görlitzer Bahn, Station Zeuthen.

Die im endstehenden Lageplan näher bezeichneten

30 Bauparzellen

in prächtiger Lage an Wald und Wasser und an den fertig regulierten Straßen: Ahorn-, Linden-, Kastanien-, Platanen- und Eichen-Allee gelegen, sind in Größe von **60 bis 120 Quadrat-Ruthen** preiswerth zu verkaufen.

Diese Baustellen liegen in **unmittelbarer** Nähe der Bahnstation Zeuthen, Kreis Teltow, und sind im Vorortverkehr mit der Görlitzer Bahn und mit der Stadtbahn **stündlich** zu erreichen.

Reflektanten erhalten nähere Auskunft durch Herrn

Gustav Evers

in **Berlin S.W.**, Gitschinerstraße 109 vom 1. October bis 31. März
in **Hankels Ablage**, Linden-Allee vom 1. April bis 30. September.

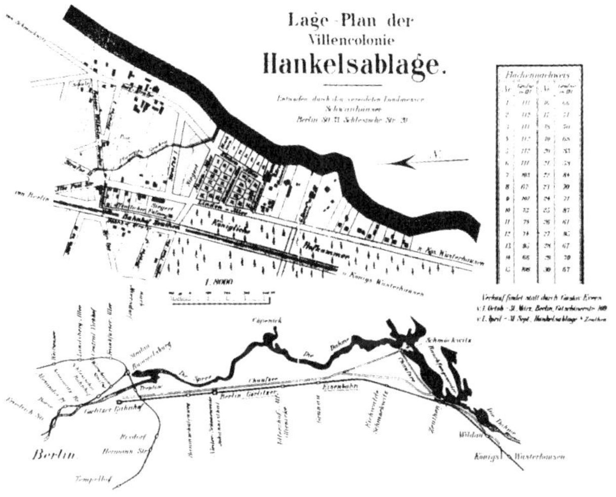

Undatiertes Plakat mit einem Grundstücksangebot von Gustav Evers (nach 1897)

vorm Königlichen Landgericht zu Berlin zur Verhandlung, und Ernst Hankel wurde zu 5 Mark Geldstrafe sowie in die Kosten des Verfahrens verurteilt, insgesamt 28 Mark und 20 Pfennig. Die Hankels gingen in die Berufung, brachten auf dem Weg durch die Instanzen Beweise und Zeugen für ihre Unbescholtenheit im allgemeinen und für die Widersprüchlichkeit, Dehnbarkeit und unterschiedliche Auslegung besagter Polizeivorschriften im besonderen bei, auch dafür, daß es die brandenburgischen Provinzialbehörden an Klarstellungen zum Gegenstand hatten fehlen lassen. Doch Justitia blieb unerbittlich: Entweder zahle p. p. Hankel die achtundzwanzig Mark und zwanzig Pfennig, oder ihre zwangsweise Beitreibung sei zu gewärtigen. Für den Fall von Zahlungsunfähigkeit wurden ihm Festnahme und drei Tage Gefängnis angedroht. Auf Betreiben seines Vaters wandte sich der Vierundzwanzigjährige schließlich mit einem vierseitigen Gnadengesuch an Kaiser Wilhelm II: „... Ew. K. K. Majestät möchten Allergnädigst geruhen im Gnadenwese zu befehlen Strafe und Kosten im Gesammtbetrage von 28 Mk. 20 Pf. mir zu erlassen ... In tiefster Ehrfurcht und ergebenst dankend für solche Allerh. Gnade ersterbe ich als Ew. K. K. Majestät allerunterthänigster treugehorsamster

Ernst Hankel."

Erst als auch diese Bitte abgeschlagen worden war, gaben die Hankels klein bei. Resigniert schrieb August am 13. Juli 1891 an den Rentmeister Schwebel nach Berlin: „Nun bleibt wohl weiter nichts übrig, als ... die Kosten zu berichtigen." Indessen verfolgte er die Sache bei den Berliner und brandenburgischen Behörden weiter. Man zeigte sich manchen seiner Vorstellungen aufgeschlossen, ersuchte ihn um weitere Angaben. Was daraus wurde, verschweigt die Akte. Es läßt sich nur vermuten, daß spätere Erlasse nicht ganz daran vorbeigegangen sind.

Unter ihrem Familienoberhaupt August erreichten die Hankels ihren wohl größten öffentlichen Einfluß. Besonders deutlich zeigte sich das nach dem Bau und der Inbetriebnahme der Berlin–Görlitzer Eisenbahn. 1868 setzte August Hankel die Einrichtung des ersten Haltepunktes zwischen Grünau und Königs Wusterhausen durch. Er befand sich etwa dort, wo der Hankelweg heute durch die Gleise unterbrochen wird, bei der „Bude 21“, einem hölzernen Wärterhäuschen. Sechs Jahre später wurde er, etwas weiter nördlich, durch die Station „Hankels Ablage“ ersetzt. Hankel ließ in Höhe der Flurgrenze zu Zeuthen, am Südende des jetzigen Bahnhofsgeländes, einen Bahnsteig und das erste Stationsgebäude bauen. Daneben errichtete sein Schwager August Siegert das erste Bahnhofsrestaurant. Mit soviel „Komfort“ nahm Hankels Ablage damals unter den Stationen der Berliner Vorortbahnen einen Spitzenplatz ein. Gegen energische Widerstände von Zeuthener Seite erreichte August Hankel, daß die Station den Doppelnamen „Hankels Ablage – Zeuthen“ bekam und bis 1897 auch behielt.

Soviel Betriebsamkeit, auf eigenen Vorteil durchaus bedacht, brachte den Hankels natürlich nicht nur Respekt, sondern auch Mißgunst und Auflehnung ein. Zeitweilig kam es zu regelrechten Fehdezuständen zwischen Miersdorfer und Zeuthener Bürgern. Bis zu welch grotesken Auswüchsen sich die Rivalität steigerte, illustriert eine Episode aus jenen Jahren.

Im September 1893 beschloß der Kreisausschuß Teltow auf Drängen Zeuthens, Hankels Ablage und den Miersdorfer Werder von Miersdorf abzutrennen und Zeuthen anzugliedern. In der Zustimmungserklärung des Gemeindevorstandes Zeuthen hieß es u. a.: „Wir nehmen an, daß nach Durchführung dieser Kommunalbezirksveränderung der Name Hankels Ablage für jenen Gemeindebezirksteil wegfällt, damit die Unzuträglichkeiten aufhören, welche ... aus dieser volkstümlichen Bezeichnung bisher entstanden sind.“ – Unzuträglichkeiten? Ob sich die Herren Gemeindevertreter hierbei auch auf Theodor Fontane beriefen, der sich mit dem Namen nicht recht hatte anfreunden können und in einem Feuilleton für die „Vossische Zeitung“ vom 28. Mai 1885 die Umbenennung von Hankels Ablage in „Colonie Zeuthensee“ angeregt hatte? Die Protokolle sagen hierüber nichts aus. Höchstwahrscheinlich wird es den Streitenden um Handfesteres gegangen sein. So sollte u. a. die „Unzuträglichkeit“ beseitigt werden, daß das Zeuthener Postamt unter „Hankels Ablage“ firmierte, was die Zeuthener geradezu als „coloniale“ Unterwerfung empfanden.

Gegen die Entscheidung der Teltower Kreisbehörden liefen sowohl die Miersdorfer Gemeindeväter als auch August Hankel Sturm. Die einen, weil ihnen mit Hankels Ablage ihre inzwischen bedeutendste Steuereinnahmequelle verloren zu gehen drohte; sie brachte immerhin die Hälfte ihrer kommunalen Steuergelder ein. Der andere, weil er die deutlich niedrigeren Kommunalsteuersätze, die in Miersdorf galten, nicht gegen die höheren in Zeuthen eintauschen wollte.

Der Streit zog sich in die Länge, verschärfte sich im Ton und eskalierte schließlich zu einem regelrechten Boykott der widerspenstigen Miersdorfer durch die Zeuthener. Im Spätsommer 1894 beschloß der Gemeindevorstand von Zeuthen: „..., daß ad 1. die Beerdigung der Leichen aus Hankels Ablage fortan auch nicht gegen Entgelt gestattet sein soll; ad 2. werden die jetzt in der Schule befindlichen Kinder aus Hankels Ablage zum 1. April 1895 gekündigt sowie die fernere Aufnahme neuer Schüler von dort nicht mehr gestattet." Die vorgesehene Befestigung der Chaussee nach Miersdorf wurde bis auf weiteres von der Tagesordnung abgesetzt.

Miersdorf und die Hankels brachten schließlich die Entscheidung des Kreises Teltow zu Fall. Auf die Dauer freilich setzte sich der mächtig aufstrebende, kapitalkräftige Leute aus der Hauptstadt anziehende Ort am See gegen die dörfliche Gemeinde durch. 1957 wurden nicht nur Hankels Ablage und der Miersdorfer Werder, sondern ganz Miersdorf nach Zeuthen eingemeindet.

1906 starb August Hankel, betrauert von vielen, die ihn gekannt und geschätzt hatten. In seinem Nachruf würdigte der Brandenburgische Fischerei-Verein die Rechtschaffenheit und das Pflichtgefühl dieses Mannes. Drei Verunglückte habe er im Laufe der Jahre unter eigener Lebensgefahr vor dem Ertrinken gerettet. Noch mit 79 Jahren habe er sich um die Fischreviere gekümmert, sei noch in seinem letzten Winter mit Schlittschuhen auf dem Eise unterwegs gewesen.

Was wurde aus seinen Kindern? – Die älteste Tochter, Mathilde, verheiratete sich 1893 mit dem Zimmermeister August Franz, der ihrem Vater jahrelang als Bauunternehmer zu Diensten gewesen war. Die jüngste Tochter, Gertrud, heiratete 1898 den Ingenieur Max Arnholt. Sie bewohnten zusammen mit August die „kleine Villa", Lindenallee 10. Aus Mathildes Ehe ging ein Sohn hervor, Gertrud hatte zwei Töchter.

Die Fischerei und die „große Villa" übernahm Ernst Hankel, nachdem er im August 1894 die Lehrerstochter Martha

Übersichts-Karte des Eisenbahn-Directions-Bezirks Berlin.

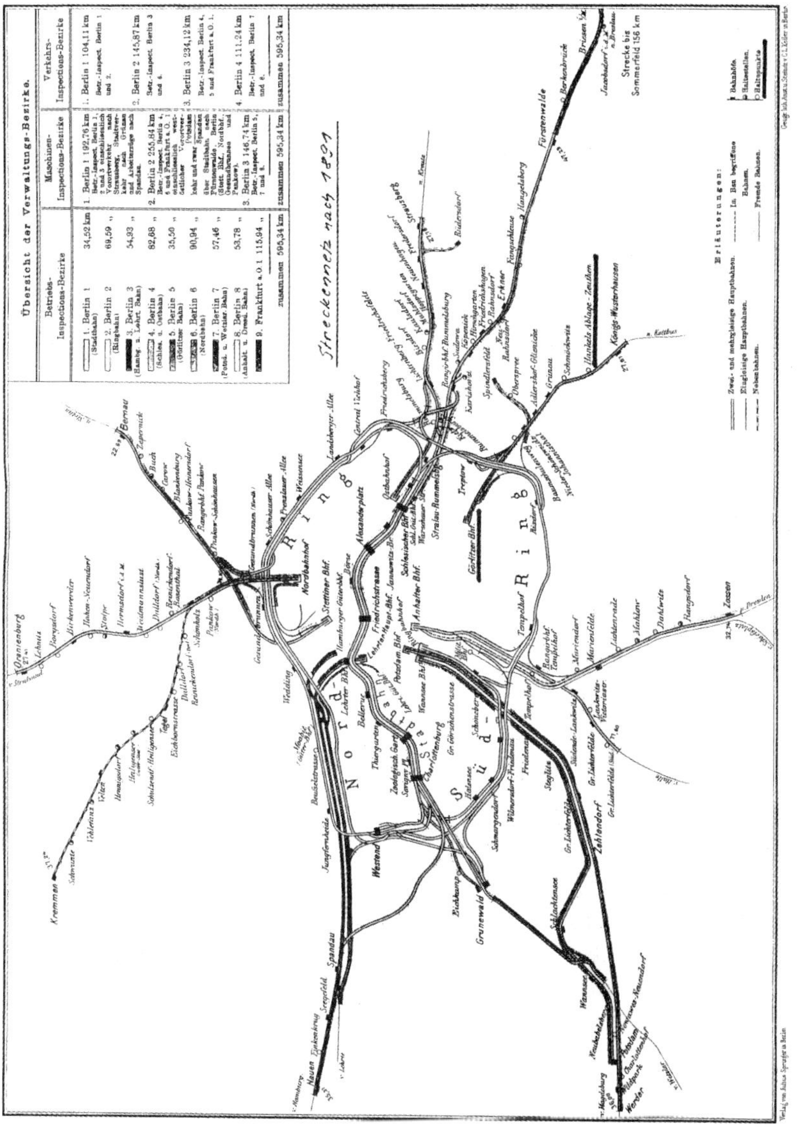

Netz der Berliner Stadt- und Vorortbahnen gegen 1895. Darin sind zwischen Grünau und KönigsWusterhausen die Stationen Schmöckwitz und Hankels Ablage-Zeuthen verzeichnet.

Dietrich aus Zeesen zur Frau genommen hatte. Zwei Söhne und drei Töchter entsprossen dieser Verbindung. Da Ernst und Martha mit ihren fünf Kindern noch genug Platz in dem großen Hause hatten, nahmen sie nach Carl Dietrichs Pensionierung Marthas Eltern zu sich. Die feierten 1910 Goldene Hochzeit auf Hankels Ablage.

Eine goldene Zukunft schien der Fischerfamilie zu winken. Es kam anders. Zwar konnte Ernst Hankel die Fischerei noch bis zu seinem Tode 1932 betreiben. Mit ihm aber erlosch die jahrhundertealte Tradition dieser märkischen Familie. Bernhard, der älteste Sohn und gleichfalls ein tüchtiger Fischer, hatte sie weiterführen sollen. Doch er fiel 1918, im letzten Jahr des großen Krieges. Fritz, sein Bruder, wurde Bankkaufmann und blieb, wie die Schwestern Charlotte und Dora, unverheiratet, ohne Nachkommen. Nur eine Tochter Ernst Hankels, Johanna, verband sich – gegen den Willen der Familie – mit einem Manne ihrer Wahl und hatte mit ihm zwei Töchter.

Und was geschah mit den Häusern und Grundstücken der Fischersleute? – Charlotte, Fritz und Dora bewohnten sie noch bis an ihr Lebensende. Vereinsamt, unter allerlei Ängsten, Klagen und Kümmernissen verflossen ihre letzten Jahre. Charlotte starb 1974, und 1978/79 segneten auch Fritz und Dora das Zeitliche. Die kleine Villa – August Hankels einstiger Alterssitz – war an einen Privatmann verkauft worden, die große, die eigentliche „Villa Hankel“, an den Staat. Der ließ die alten Gebäude in der Lindenallee 11 und 12 abreißen und zwei moderne Landhäuser an ihre Stelle setzen.

In der Nachbarschaft stehen nur noch wenige der alten Gemäuer. Wie lange noch, und auch über sie wird die Zeit hinweggehen. Eine Weile aber wird die Erinnerung an die Hankels auf Hankels Ablage noch lebendig bleiben – Fontane sei Dank, Dank auch Frau Gisela Tosch, der familiensinnigen Nachlaßbewahrerin.

August Hankel bei den Kähnen und Fischkästen seiner Fischerei (um 1905). Im Hintergrund rechts die „kleine Villa", Augusts Alterswohnsitz

Kähne, Reusenstangen und Geräteschuppen der Hankel-Fischerei

August Hankel

Auguste Hankel geb. Siegert

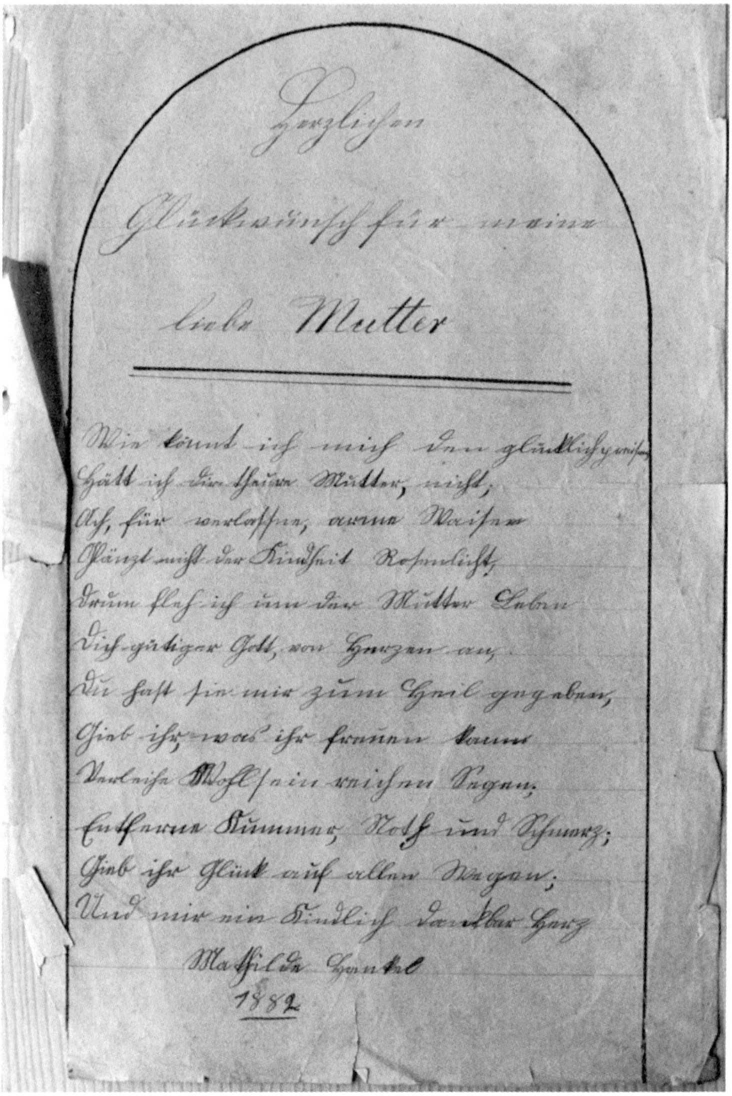

Herzlichen

Glückwunsch für meine

liebe Mutter

Wie könnt ich mich denn glücklich preisen,
Hätt ich die theure Mutter, nicht,
Ach, für verlassen, arme Waisen
Glänzt nicht der Kindheit Rosenlicht,
Drum fleh ich um der Mutter Leben
Dich gütiger Gott, von Herzen an,
Du hast sie mir zum Heil gegeben,
Gieb ihr, was ihr frommen kann
Verleihe Wohlsein reichen Segen,
Entferne Kummer, Noth und Schmerz;
Gieb ihr Glück auf allen Wegen;
Und mir ein kindlich dankbar Herz

Mathilde Hankel
1882

Geburtstagsglückwunsch Mathilde Hankels an ihre Mutter

Ernst Hankels Familie mit August Hankel, den Schwiegerleuten Dietrich und Sommergästen um 1903/04

August Siegert, Schwager August Hankels

Die Station Hankels Ablage – Zeuthen an der Berlin-Görlitzer Bahn. Der Doppelname wurde 1897 in „Zeuthen" umgewandelt

Die von August Siegert 1874 neben der Eisenbahnstation erbaute Gaststätte „Waldschänke", heute Wohnhaus

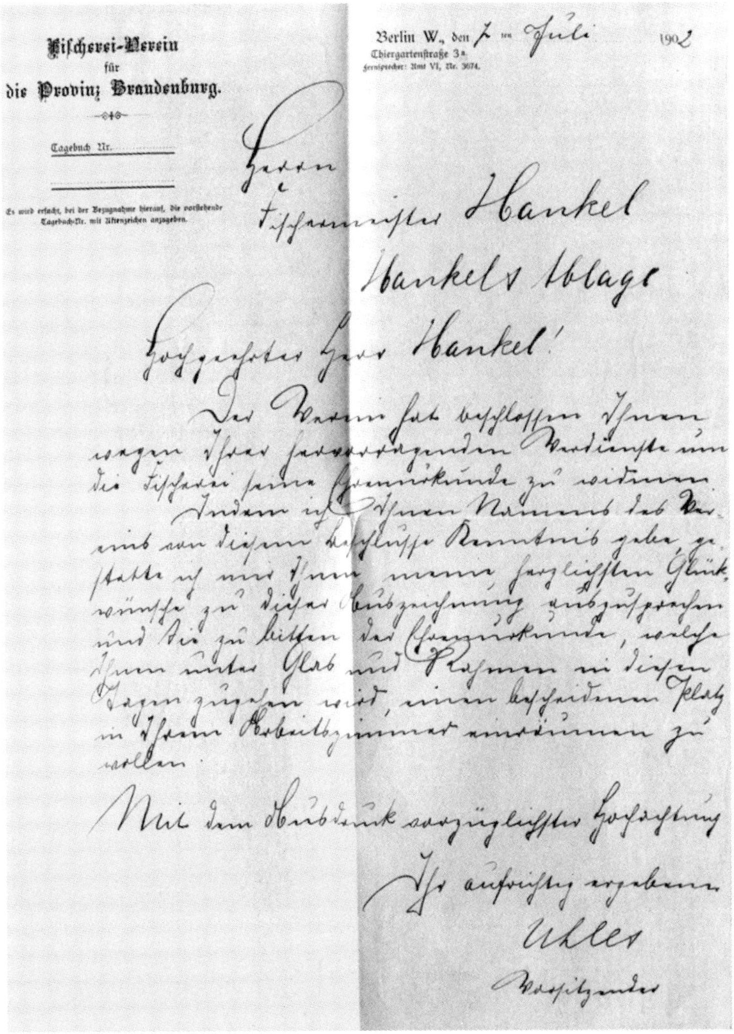
Fischerei-Verein
für
die Provinz Brandenburg.

Tagebuch Nr.

Es wird ersucht, bei der Bezugnahme hierauf, die vorstehende Tagebuch-Nr. mit Aktenzeichen anzugeben.

Berlin W., den 7ten Juli 1902
Thiergartenstraße 3a.
Fernsprecher: Amt VI, Nr. 3674.

Herrn
Fischermeister Hankel
Hankels Ablage

Hochgeehrter Herr Hankel!

Der Verein hat beschlossen Ihnen wegen Ihrer hervorragenden Verdienste um die Fischerei seine Ehrenurkunde zu widmen.

Indem ich Ihnen Namens des Vereins von diesem Beschlusse Kenntnis gebe, gestatte ich mir Ihnen meinen herzlichsten Glückwunsch zu dieser Auszeichnung auszusprechen und Sie zu bitten der Ehrenurkunde, welche Ihnen unter Glas und Rahmen in diesen Tagen zugehen wird, einen bescheidenen Platz in Ihrem Arbeitszimmer einräumen zu wollen.

Mit dem Ausdruck vorzüglichster Hochachtung

Ihr aufrichtig ergebener
Uhles
Vorsitzender

Handschreiben zur Überreichung der Ehrenurkunde des Brandenburgischen Fischerei-Vereins an August Hankel vom 7. Juli 1902

Der Tod hat in den letzten Monaten leider reiche Ernte unter unseren Mitgliedern gehalten.

Am 9. Februar starb unser Vorstandsmitglied Fischermeister **August Hankel** auf Hankels Ablage bei Zeuthen, in weiten Kreisen als „Vater Hankel“ bekannt, im Alter von 79 Jahren. Seine markante Erscheinung pflegte in unseren Vorstandssitzungen und Mitgliederversammlungen niemals zu fehlen. Trotz seines hohen Alters scheute er Wind und Wetter nicht, um den weiten und mitunter recht beschwerlichen Weg nach Berlin zurückzulegen, wie er auch bis in die letzten Lebenstage in treuer Pflichterfüllung seinem Berufe nachging.

August Hankel wurde am 12. März 1827 in Hankels Ablage, zu damaliger Zeit eine Holzabladestelle nebst zwei kleinen Strohhäusern, geboren. Die Schulverhältnisse waren primitiver Art, so z. B. bestand das Gehalt des Lehrers, wie Hankel manchmal erzählte, aus einer Schmalzstulle und einem Sechser, welche jedes Kind wöchentlich einmal mitbringen mußte. Hankel besuchte diese Schule bis zu seinem 14. Lebensjahre, um sich dann als Stütze seines Vaters in der Fischerei zu beschäftigen. Sein Vater besaß zu Hankels Ablage ein Gasthaus und konnte sich nicht viel mit Fischerei-Angelegenheiten befassen, so daß August Hankel auf sich allein angewiesen war. Seine Fänge wanderten fast immer in die Küche der Mutter, der wegen ihrer guten und billigen Fischmahlzeiten unter Seglern und Wanderern berühmt gewordenen „Mutter Hankel“. Einige fühlten sich so wohl dort, daß sie Grundstücke von August Hankel erwarben und ihren ständigen Wohnsitz bei ihm aufschlugen. Hankel heiratete 1866 im 39. Lebensjahre. Zu dieser Zeit begannen die Vorarbeiten zum Bau der Görlitzer Eisenbahn. Da Fuhrwerk schwer zu haben, schaffte er zu diesem Zweck zehn Pferde an und half fleißig mit, Schwellen u. dergl. anfahren, um sich dadurch die Aussicht auf eine zukünftige Haltestelle in Hankels Ablage zu sichern. Die Erlangung dieser Haltestelle und die Vergrößerung seines Besitzes brachten ihm trotzdem noch viele Sorgen und Geldkosten; um so größere Freude bereitete es ihm, als er endlich sein Ziel doch erreichte. So erzählte er oft, daß er 25 Prozesse in Fischerei-Angelegenheiten auszufechten hatte und aus allen siegreich hervorgegangen ist. Mit welchem großen Eifer er noch in den letzten Jahren für die Fischerei-Interessen eintrat, ist allen Fischern an der Oberspree und Dahme wohl bekannt. Noch am 2. Februar 1906 Js. besuchte er seine Fischereireviere trotz seiner 79 Jahre auf Schlittschuhen. Am gleichen Tage traf ihn auf der Straße ein Unfall, welchem er wenige Tage darauf erliegen sollte.

Zur Vervollständigung seines Lebensbildes sei noch erwähnt, daß er im Laufe der Jahre drei Verunglückte vom Tode des Ertrinkens mit eigener Lebensgefahr errettet hat.

Sein Andenken wird von allen, welche diesem braven und pflichtgetreuen Manne bei Lebzeiten näher treten konnten, stets in hohen Ehren gehalten werden.

Ferner haben wir den Tod der folgenden korrespondierenden Mitglieder zu beklagen:

Wladimir Iwanowitsch Weschniakow, Kaiserlich russischer Staatssekretär, Präsident der Kaiserlich russischen Gesellschaft für Fischerei und Fischzucht, starb am 19. Februar 1906 zu St. Petersburg.

Professor **Arthur Feddersen**, Konsulent des „Dänischen Fischerei-Vereins“ und Redakteur der „Dänischen Fischerei-Zeitung“, starb am 27. Februar 1906, 71 Jahre alt, zu Kopenhagen.

Nachruf im Mitteilungsblatt des Brandenburgischen Fischerei-Vereins für den verstorbenen August Hankel

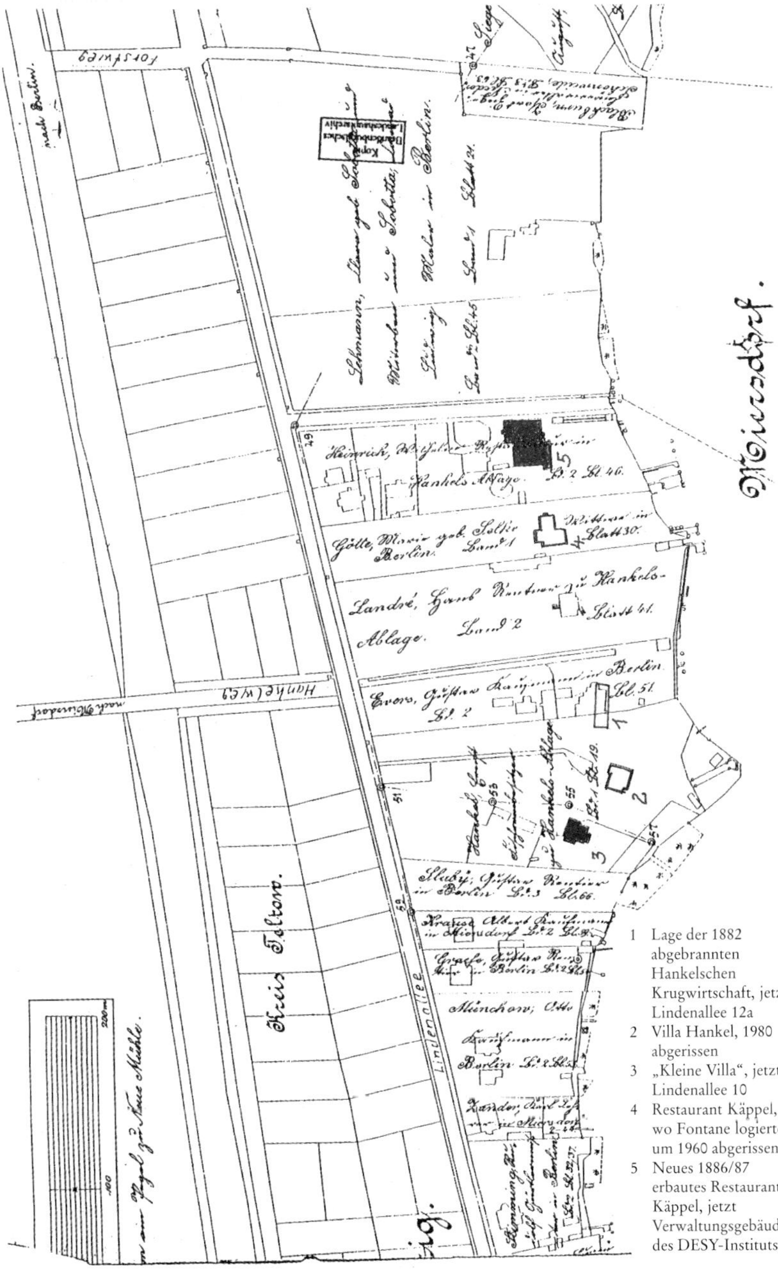

1 Lage der 1882 abgebrannten Hankelschen Krugwirtschaft, jetzt Lindenallee 12a
2 Villa Hankel, 1980 abgerissen
3 „Kleine Villa“, jetzt Lindenallee 10
4 Restaurant Käppel, wo Fontane logierte, um 1960 abgerissen
5 Neues 1886/87 erbautes Restaurant Käppel, jetzt Verwaltungsgebäude des DESY-Instituts

Ausschnitt aus einem Vermessungsplan der Wasserwege und Fährverbindungen von 1905. Er verzeichnet noch die heute nicht mehr vorhandenen Wohngebäude der Hankels sowie die alte Gaststätte der Käppels

Mathilde Franz geb. Hankel mit Söhnchen Erich

Gertrud mit ihrem Mann Max Arnholt
und den beiden Töchterchen Käthe und Johanna

Martha und Ernst Hankel

Ernst Hankel beim Netzeflicken

Die Kinder Ernst und Martha Hankels:
Bernhard, Charlotte, Dora, Fritz und Johanna

Martha Hankel im Alter mit ihren Kindern
Charlotte, Fritz Dora und Johanna

Hans und Johanna Köhler geb. Hankel
mit ihren Töchtern Gisela und Gerda

Gisela Tosch geb. Köhler verwahrt und durchforscht
den Familiennachlaß der Hankels

Theodor Fontane „entdeckt" Hankels Ablage

Am 27. Mai 1884 schrieb Theodor Fontane an seinen alten Freund Bernhard v. Lepel: „Mir geht es passabel, was ich einer vorläufigen Sommerfrische, die ich in ‚Hankels Ablage' nahm, zuschreibe. Hankels Ablage liegt an der Görlitzer Bahn, halben Weges zwischen Schmöckwitz und Königs Wusterhausen. Ich war 14 Tage da und habe nie einen beßren Sommer-Aufenthalt gehabt: still, himmlische Luft, Wasser und Wald, ausreichende Verpflegung und freundliche Leute. Was will man mehr!"

Solche Sommerfrischen spielten für Theodor Fontanes Lebens- und Schaffensweise jahrelang eine wichtige Rolle. Im dritten Band seiner Autobiographie erinnert er sich: „Sie fingen en famille mit dem Jahre 70 an und haben sich durch zwanzig Jahre fortgesetzt. Ich blieb immer in Norddeutschland: Mecklenburg, Norderney, Harz, Thüringen, Schlesien. In Schlesien war ich immer mit besonderer Vorliebe. Überall herum im Hirschberger und Schmiedeberger Tal ... In diesen Sommerfrischen habe ich viele meiner Romane geschrieben und überhaupt sehr glückliche Tage verlebt." Unter den Namen bevorzugter Orte und Gegenden, in die er sich in Zeiten „nervöser Pleite" mit Frau und Tochter, oft auch allein zurückzog, vermißt man die vor den Toren Berlins gelegenen: das „Seebad Rüdersdorf" etwa. Doch Tagebücher und Briefe Theodor Fontanes bezeugen: Er bedurfte ihrer ebenso.

Was suchte und was fand er dort? Ein Brief an die befreundete Familie Zöllner vom 5. Juni 1884 verrät es. Um über Vorgänge, die an einer bestimmten Örtlichkeit spielen, schreiben zu können, so heißt es da, müsse er „... das *Lokal* vor Augen, aber als Zweites, ebenso Wichtiges auch unbedingte Ruhe haben, nicht bloß äußerliche, sondern namentlich auch innerliche. *Die* hat man aber immer nur in der Einsamkeit, als Solo-Krebs. Einmal habe ich es bei meiner guten lieben Rohr in Dobbertin versucht, aus dem harmlosesten und freundlichsten Freundeskreise heraus, etwas zu schreiben, aber ich bin damit gescheitert. Die Menschen, unter denen man lebt, stellen sich zwischen einen und das Papier, darauf man schreiben will." Das alltägliche Milieu wechseln, neue Eindrücke, Ruhe und Sammlung für konzentrierte Arbeit gewinnen, das erhoffte er sich von den Sommerfrischen. Und oft – nicht immer – schenkten sie ihm, was er sich von ihnen versprochen hatte.

1884 gesellte sich zum Kreis auserwählter Ausspannen **Hankels Ablage**. Offenbar war Theodor Fontane durch eine Annonce des rührigen Gastwirts Rudolph Käppel auf dessen „Etablissement" aufmerksam geworden, denn Käppel inserierte nicht nur im „Teltower Kreisblatt", sondern auch in Berliner Zeitungen. Vielleicht bekam er auch von Berliner Freunden den Tip. Jedenfalls vermerkt sein Tagebuch: „Bis zum 2. Mai an meiner Novelle (Irrungen usw.) gearbeitet; dann stelle ich wegen Unwohlseins die Arbeit ein und beginne große Partien in die Umgegend von Berlin, zum Teil Ausflüge im Interesse meiner Novelle. Montag, den 5. Mai, Ausflug nach der Jungfernheide, um das Hinkeldey-Kreuz aufzusuchen; Dienstag, den 6., nach dem Rollkrug und dem neuen Jacobi-Kirchhof. Mittwoch, den 7. (Bußtag), mit Zöllners nach ‚Hankels Ablage'... Donnerstag, den 8., Besuch der Menzel-Ausstellung; am Abend ins Theater (Grillparzers ‚Der Traum ein Leben'). Freitag, den 9., Kritik geschrieben; am Abend zu Zöllners zu Ehren von Storm und Frau ..." So, zwischen Theaterkritik, Erkundungen, Gesellschaften – und nebenbei auch Schriftstellerei – verlief sein Alltag, ein Alltag, von dem sich eine zeitlang freizumachen ihn auch die zunehmend schwüle Witterung jener Maitage drängte; denn die ertrug er nicht in der üblen Kanalluft der Großstadt. So vermeldet das Tagebuch: „11. Mai, Sonntag. Sehr heiß, herumgepusselt ... Spaziergang. 12. Mai, Montag. Brief von Mete (Tochter Martha – J. K.) aus Rom; gepackt. Um drei Abfahrt nach Hankels Ablage." Mit dem Nachmittagszug kam er: 3.10 Uhr ab Görlitzer Bahnhof. Die Vorortbahn mit der kleinen Dampflokomotive und mit harten Holzbänken in den engen Coupés fuhr nur ein paarmal am Tag. Bei seiner Ankunft erwartete ihn vermutlich Gastwirt Käppels Hausdiener. Man verstaute das Gepäck auf dem Karren, und quer durch den lichten Forst ging es, die Köpenicker Straße kreuzend, hinüber zu der kaum zehn Minuten entfernten Pension.

„Mein Zimmer ist reizend", schreibt er noch am selben Tage an seine Frau Emilie nach Berlin, „und der Blick über den Vorgarten fort auf den starkbewegten Strom und die Heide

Theodor Fontane, Ölgemälde von Carl Breitbach (1883), Privatbesitz

dahinter erquickt mich ..." Fünf Briefe, die Theodor Fontane in jenen Tagen seiner Gattin sandte, sind erhalten geblieben. Sie gewähren einen lebendigen Einblick in die Verhältnisse, die er hier draußen vorfand. Nicht weniger aufschlußreich sind sie für den Arbeitstag, für die Schaffensweise des Dichters an solchen Orten. Man erfährt, was ihn darüber hinaus noch beschäftigte in einer Welt, die Auto, Rundfunk und Fernsehen noch nicht kannte. Deshalb sollen diese Briefe – ergänzt um zwei weitere, die ein Jahr später entstanden – im vollen Wortlaut folgen.

Briefe, die Theodor Fontane hier schrieb*

Hankels Ablage
12. oder 13. Mai 84.
Montag.

Liebe Frau.

Ein Butterfaß und mein Koffer waren die einzigen Gepäckstücke, die in Berlin aufgeladen wurden. Die Tinte ist furchtbar, und ich kann eigentlich nicht weiter schreiben; lauter kleine Klümpchen. Wovon man doch alles abhängig ist, die ganze Schreibelust ist hin.

Mein Zimmer ist reizend und der Blick über den Vorgarten fort auf den starkbewegten Strom und die Haide dahinter erquickt mich. Die Luft ist ozonreicher als nöthig und macht mich fiebrig; es weht eine starke Ostbriese; dennoch fühle ich, daß meine Nerven sich dabei erholen. Nur die Tinte. Geht das so fort, so können all perfumes of Arabia mich nicht wieder gesund machen. Auch vor der Nacht hab ich ein ahnungsvolles Grauen, – es sieht alles sehr mäusrig aus. Mein Wirt, Herr Kaeppel hat 2 Kinder, – es geht nicht weiter. Er hat also 2 Kinder, einen 4jährigen Jungen und eine anderthalbjährige Tochter, beide stellen der Luft und Verpflegung ein glänzendes Zeugniß aus. Frau Kaeppel hab ich noch nicht gesehn – sie „erwartet". Nach 18 Monaten ihr gutes Recht. Der Verkehr – ich meine den geschäftlichen – ist gering, was mir eigentlich lieb ist. Wozu immer Berliner!

Ueber die Geschichte von Hankels Ablage bin ich bereits informirt, damit aber hat es sein Ende. Die Menschen gefallen mir, aber die Tiere ... Hoffen wir indeß; draußen schlägt eben

---

* Die Briefe Theodor Fontanes an seine Frau Emilie übernahmen wir mit freundlicher Genehmigung aus: Emilie und Theodor Fontane: Die Zuneigung ist etwas Rätselvolles. Der Ehebriefwechsel 1873–1898 (Dritter Band). Herausgegeben von Gotthard Erler unter Mitarbeit von Therese Erler. Aufbau Verlag Berlin und Weimar 1998. Schreibweise wie dort.

die Nachtigall und widerlegt meinen Pessimismus. Ich bin angegriffen, müde, aber das schadet nichts, wenn ich nur jeden Tag 2 frische Stunden habe. Wie immer Dein alter

Th. F.

Hankels Ablage.
13. Mai 84.
Dienstag.

Meine liebe Frau.

Wenn es so bleibt, so habe ich es sehr gut getroffen. Zimmer, Blick, Luft vorzüglich, Verpflegung ganz nach meinem Geschmack und Herr und Frau Kaeppel sehr freundliche Leute; selbst *sie*, trotzdem sie Berlinerin ist. *Er* Thüringer; was aber nicht immer ein Verbrechen ist. – Ein Wetterumschlag bereitet sich vor, aber mein Winter-Ueberzieher wird der veränderten Situation gewachsen sein. Gestern Abend habe ich ein Stück Rehzimer mit 7 Kartoffeln und heute Mittag ein Beefsteak mit Zwiebeln gegessen. Getränk: „Weiße". Das Rehzimer war mir aber doch zu viel und ich werde zu Thee zurückkehren.

Heute Vormittag, bei gelegentlich niederfallendem Regen, habe ich meine „Rate" geschrieben, und mit Rücksicht darauf, daß es eine sehr schwierige Situation war, kann ich leidlich zufrieden sein. Ich möchte nicht eher hier fort, als bis ich mit dem Entwurf des Ganzen fertig bin und so werd' ich wohl am Sonnabend nur zum Theater in die Stadt kommen und am Sonntag 3 Uhr wieder nach hier hinaus fahren. Sonderbar, wie solch kleiner Dienst einen doch bindet. Erst wollte ich Dich bitten, mir bei Stephany (Chefredakteur der „Vossischen Zeitung" – J. K.) Urlaub zu erwirken; aber es ist doch besser so. Mein Ansehn, das ich an maßgebendster Stelle habe, ist nicht groß genug, um mir solche Sprünge zu erlauben. Ja wenn ich Frenzel (ein Redaktionskollege – J. K.) wäre oder „studirt" hätte. So bleibt man ein kleiner Töffel und ist unterm Schlitten.

Manchette und „goldner Knopf" sind mir für Theo eingehändigt worden. Ich glaube den „goldnen Knopf" kriegen nur Ober-Mandarinen und so läßt sich denn sagen „es spuke vor." Denn Mandarin wird er; er hat *ganz* das Zeug dazu. Schade, daß ich es lächelnd nicht mehr erlebe.

Herr Kaeppel unterhält mich dann und wann auf 10 Minuten, bei welcher Gelegenheit ich auch schon in Intimitäten eingeweiht worden bin. Als ich ihm heute sagte: „seine Frau (eine hübsche, frische Blondine) schiene sehr gesund zu sein" lächelte er und sagte: „nein, sie ist kränklich, matt und bleichsüchtig, und nur wenn sie „wie jetzt" ist, ist sie gesund." Worauf ich ihm antwortete: „Na, da haben Sie wenigstens das Spiel in der Hand." Er lächelte wehmütig und strich mit seinem Theerpinsel (das Gespräch fand an einem Boot statt) weiter. Bitte, reibe mir doch etwas Rhabarber, thu's in eine Kapsel und leg' es Deinem Briefe bei. – Der Kraczewskische Prozeß intressirt mich sehr. Tausend Grüße Dir, den Kindern, den Freunden.

Dein Th. F.

Hankels Ablage
14. Mai 84.
Mittwoch.

Meine liebe Frau.

Habe besten Dank für Deine freundlichen Zeilen. Hoffentlich geht es mit Deiner Gesundheit wieder besser; Husten bei diesem Wetter ist etwas sehr Fatales; ich verordne: Emser Krähnchen, Thee, Rhabarber, dann und wann Wein mit Wasser, kein Fett. Bier und Kaffee verpönt. Wir hatten gestern etwas Regen, etwas Donner, und gegen 7 zog ein starkes Gewitter herauf, es blieb aber doch nur halbe Sache, so daß die Schwüle heute noch größer ist als gestern.

Natürlich ist mir dies Wetter nicht sehr angenehm und erschwert mir das Arbeiten; dennoch bin ich herzlich froh hier zu sein, – in Berlin hätt' ich gewiß einen Knax weggekriegt. Trotz starken Abattu-seins hab' ich auch heute wieder mein Kapitel geschrieben nach dem alten Goethe-Satze: „Gebt ihr euch einmal für Poeten, So kommandirt die Poesie." Daß es gleich gut wird, ist schließlich auch nicht nöthig und eigentlich von *dem*, der täglich sein Pensum arbeitet auch nicht zu verlangen. Es wird wie's wird. In der Regel steht Dummes, Geschmackloses, Ungeschicktes neben ganz Gutem und ist Letztres nur überhaupt da, so kann ich schon zufrieden sein. Ich habe dann nur noch die Aufgabe es herauszupulen. Dies

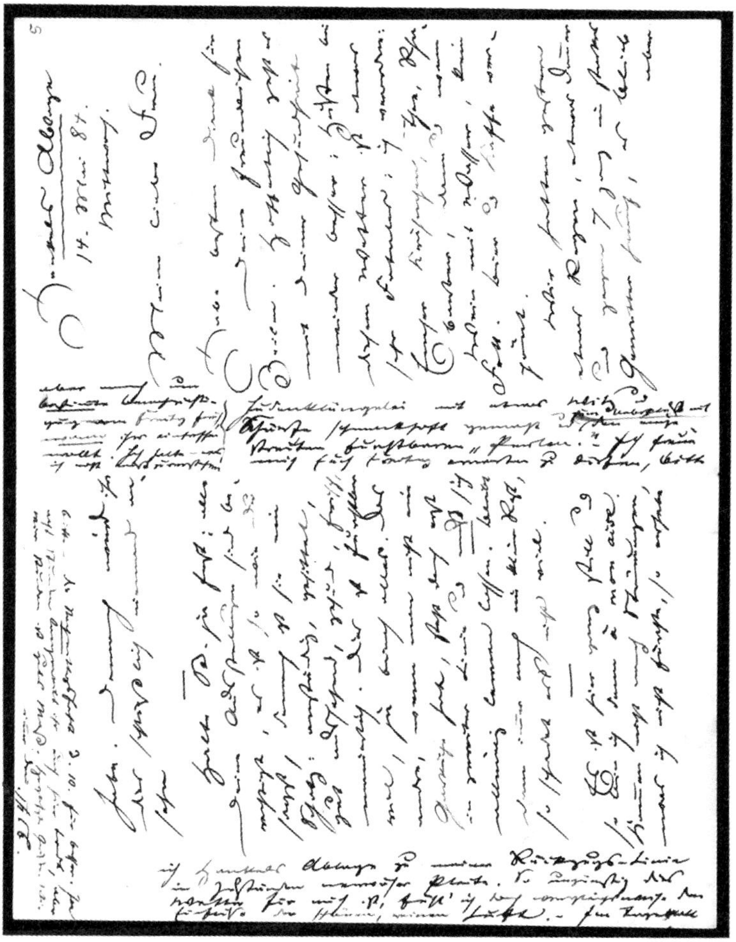

Faksimile eines Briefes, den Theodor Fontane 1884 auf Hankels Ablage schrieb

ist zwar mitunter nicht blos mühsam, sondern auch schwer, es giebt einem aber doch eine Beruhigung zu wissen „ja, *da* ist es, suche nur und finde." Meine ganze Produktion ist Psychographie und Kritik, Dunkelschöpfung im Lichte zurechtgerückt. Ein Zufall hat es so gefügt, daß ich diese ganze Novelle mit halber und viertel Kraft geschrieben habe. Dennoch wird ihr dies schließlich niemand ansehn.

Halte B. (das Dienstmädchen – J. K.) ja fest; alle Deine Ausstellungen sind berechtigt, es ist so wie Du sagst, dennoch ist sie ein Schatz: anständig, gesittet, gut aussehend, gesund, frisch, manierlich. Dies ist furchtbar viel, ja beinah alles. Das andre, wenn man nicht eine Garküche hat, steht doch erst in zweiter Linie und *muß* sich allmälig lernen lassen. Bleibt dann immer noch ein kleiner Rest, so schadet es nicht viel.

Es ist hier ganz still und so bin ich denn à mon aise. Kommen nicht noch Störungen, was ich nicht fürchte, so erhebe ich Hankels Ablage zu meiner Rückzugs-Linie in Zuständen nervöser Pleite. So ungünstig dies Wetter für mich ist, fühl' ich doch vergleichsweise den Einfluß der schönen, reinen Luft. – Im Tageblatt habe ich eben einen kl. Bericht über die Storm-Feier gelesen; sowohl Frenzels wie Storm's Reden scheinen ganz nett gewesen zu sein, nur das ganze Referat über die Feier könnte besser und liebevoller sein. Überhaupt, das „Tageblatt" so gut es redigirt ist, ist doch nur auf kurze Zeit lesbar. Liest man es wochenlang (wie ich in Thale) so sieht man die fortschrittliche Judenklüngelei mit etwas Witz und Schärfe schmackhaft gemacht und zum Ueberfluß mit den eingestreuten furchtbaren „Perlen". – Ich freue mich Euch Freitag erwarten zu dürfen, bitte aber noch um *bestimmte* Benachrichtigung am Freitag früh, *wann* ihr eintreffen wollt. Ich halte – was ich nicht mißzuverstehen bitte – die *Nachmittags*fahrt 3. 10 für besser. In acht Stunden langweilt Ihr Euch hier todt, aber vier Stunden ist gutes Maß. Herzlichste Grüße. Wie immer Dein

Th. F.

Rudolph Käppels Restaurant. Auf Grund der Bauzeichnung skizziert von Bernd Fischer (1998)

Hankels Ablage.
15. Mai 84.
Donnerstag.

Meine liebe Frau.

Glücklicherweise hat sich das Wetter geändert; eine frische Brise weht und ich werde nun erst meines Aufenthalts froh. Auch das landschaftliche Bild gewinnt sehr unter dieser halb stürmischen Trübe; der Blick nach Schmöckwitz und den Müggelsbergen hin ist heute kostbar. Die Leute sind unverändert von großer Artigkeit, ohne Neugier und Launen. Auch die Dienst-Leute sind gut.

Deinen lieben Brief erhielt ich heut erst über Mittag, was mir fast noch besser paßt als des Morgens. Ich habe ja dann meine Arbeitsstunden hinter mir. Auch heute habe ich wieder ein Kapitel geschrieben. – „Hankels Ablage" an die Stelle von Thale setzen, geht nicht, aber zum Nebenherlaufen, als Hausmittel und Beihülfe ist es vorzüglich. Kommt nicht noch ein Nackenschlag, so ist es just das was ich mir so viele Jahre lang gewünscht habe: ein Platz zu momentanem Ausspannen. – Ich freue mich, daß es wieder besser mit Dir geht. Ist das Wetter aber *nicht* gut, so kommt lieber nicht. Eigentlich ist es doch nur ein Platz für „eine halbe Stunde" und nur bei normalem Wetter, also etwa an einem schönen Septembertage, kann man es 4 oder auch wohl 8 Stunden aushalten. Das Wetter war aber bis jetzt durchaus unnormal:

1. *Tag*: heiß und Ostwind;
2. *Tag*: sehr heiß und schwül;
3. *Tag*: tropisch und gewittrig;
4. *Tag:* (heut): stürmisch.

Kann man nicht spazieren gehn, so hat das Ganze nur den Reiz eines Kuckkastenbildes und eine halbe Stunde lang in einen und denselben Kuckkasten sehn, ist sehr lange. Ist das Wetter aber schön, so freue ich mich *sehr* und sans phrase. Denke doch nur welche kolossale Langeweile mich hier umfängt; aber eben weil sie so groß ist, bin ich ängstlich, andre grade in den Momenten höchster Hochgradigkeit daran theilnehmen zu sehn.

Pietsch Besprechung ist unbedeutend. Im „B. Tageblatt" stand 12 oder 24 Stunden früher beinah dasselbe (nur kürzer) woraus ich den Schluß ziehen möchte: Pietsch habe den Bericht für beide Zeitungen gemacht. *Sprich aber darüber zu niemand.* Ich weiß wohl (immer vorausgesetzt daß ich überhaupt Recht habe) daß man's mit diesen Dingen nicht zu genau nehmen darf, aber ein Gefühl verläßt mich nicht, daß er die Kunst des Auf zwei Schultern tragens virtuoser betreibt, als wünschenswerth. Im Übrigen nochmals: schweige darüber. Denn mit Dingen, die man nicht beweisen kann, muß man nicht heraustreten. Man blamirt sich nur und schafft eine „gekränkte Unschuld". – Der Brief Bismarcks im Kraszewski-Prozeß ist *hoch*interessant. – Von Fritz Mauthner hab' ich eine Kritik gelesen über „neue historische Romane". Hat mich enttäuscht. Ich hielt ihn wenigstens für klug, aber er ist blos klugschmusig und die Schreibweise, die was zu sein prätendirt, sehr anfechtbar. – Die Ulrich hat denselben Brief, Wort für Wort, auch an das „Tageblatt" und wahrscheinlich an noch viele andre Zeitungen geschickt. Ich finde dies *zu* geschäftlich und wenig artig oder sie hätte wenigstens hinzusetzen müssen: „ich habe auch andre Herren um Hervorhebung dieser Notiz gebeten." So sieht es wie ein Vertrauensakt aus und ist nichts dahinter.

Herzliche Grüße Dir, Euch allen, von Deinem

Th.F.

Was macht Mete!

Bitte, bringe doch (wenn ihr kommt) den Kindern hier eine hübsche Tüte „Allerlei" mit.

Hankels Ablage.
25. Mai 84.
Sonntag.

Meine liebe Frau.

Es thut mir leid, daß Du erkältet bist; morgen treff' ich Dich hoffentlich wieder gut bei Wege.

Mein letztes Kapitel (eigentlich ist es eins aus der Mitte heraus) hab' ich heute glücklich beendet und will nun morgen gleich nach 2 hier fort, so daß ich schon etwa 3 $^{1}/_{2}$ bei Dir eintreffen werde. Denn meines Koffers halber muß ich eine Droschke nehmen. Mache Deinen Nachmittagsschlaf also *vor*her, sonst fall' ich mitten hinein. Essen werde ich *hier* noch und bitte nur um Kaffe, wenn's sein kann menschliches Produkt, und am Abend um eine Satte saure Milch oder eine Weiße. Aber nicht Beides. Menschliche Schwäche könnten [!] mich hinreißen, den Doppelgenuß haben zu wollen und dann – haben wir den Salat!

Die zu schreibenden Briefe werde ich nun morgen Vormittag *hier* schreiben, so daß ich rein und schuldlos mein neues Leben beginnen kann.

Das Wetter ist heute sehr schön, windig und etwas grau, so daß der Strom Wellen schlägt, aber so ist es am schönsten. Dabei, so weit man sehen kann, Boote mit vollen Segeln, ein entzückender Anblick, aber, wie mir dabei klar wird, doch auch ein gefährlicher Sport, denn die Boote liegen ganz schräg und die Wellen schülbern hinein.

Ich hab' es hier gut getroffen, aber ganz speziell auch der *Zeit* nach. Denn die schönen Tage von Aranjuez sind nun vorüber, mein Prinz; nicht nur beginnt sich das „Lokal" mehr und mehr zu füllen, auch die „Filla" drin ich wohne, ist von der nächsten Woche an ganz besetzt. Und dann Adieu Partie! Schon der Vorschmack den ich habe, läßt nichts zu wünschen übrig: ein ins achtundachtzigste gehender alter Herr, der mir gestern mit Stolz erzählte „er sei dem Kaiser um hundertundfünf Tage voraus." Dieser Alte, der dem Kaiser „über is", ist seit gestern mein Nachbar und zeichnet sich durch zwei Eigenschaften aus: er krächzt beständig und nimmt „eine Flasche mit ins Bett". Diese letztre Wendung ist von Kaeppel, weshalb ich um nähren Aufschluß bat. Meiner Auslegung nach konnte es nur eine Wärm- oder eine Schnaps-Flasche sein. Es ist aber weder das eine noch das andre, sondern eine dritte, die mich auch einmal bedrohte, und erst unmittelbar unterhalb der Wärmflasche ihren Anfang nimmt. Im Ganzen genommen ist aber das Krächzen doch schlimmer. Das andre ist ein stilles Leiden, das jeder mit sich selber abzumachen hat.

Dabei fällt mir auch Geibel ein. Es ist mir *sehr* lieb, daß ihr da wart; die Rede selbst wird uns die „Rundschau" nicht vorenthalten.

Wie immer Dein

Th. F.

Hankels Ablage.
5. Mai 85.

Meine liebe Frau.

Besten Dank für Deine freundlichen Zeilen. Ich finde Theos (des zweitältesten Sohnes – J. K.) Brief doch *sehr* nett, viel weniger pappstofflig als ich fürchtete. Das schreckliche Hängen an Berlin macht mich etwas nervös, weil ich solch Eingenommensein von einer bestimmten Clique (denn darauf läuft es doch schließlich hinaus) schrecklich finde, – dieser Fehler ist aber so allgemein, daß man drüber nicht reden darf. Wenn ich mit 4 Assessoren, 4 Referendaren, 4 Doktoren und 4 Oberlehrern bei Moormann oder sonst wo kneipe, so kann von einem essentiellen Menschen- und Gesellschafts-Unterschied gar keine Rede mehr sein; es läuft dann alles blos auf die Möglichkeit hinaus, daß Schultze netter ist als Müller oder umgekehrt, ein Satz der für Berlin gerade so gut gilt, als für andre Städte. Die wirklichen Unterschiede fangen erst da an, wo man statt der Menschen aufgeputztes Gesindel und statt reiner Luft Ungeziefer etc. findet. – Mete hatte bis Mitternacht ein paar schlechte Stunden, dann aber schlief sie und war heute ganz gut bei Wege. Sie freut sich auf morgen, auf *Dich*. Die Luft hier war heute wieder köstlich. Martha hat mir 30 Seiten aus dem Hobrechtschen Buche vorgelesen; es ist sehr hübsch, von einem feinen und gebildeten Manne geschrieben. Das Billet also bist Du so freundlich zu besorgen. Wie immer Dein

Th.F.

Theodor Fontane mit Tochter Martha (Mete)
in Arnsdorf/Riesengebirge 1886

Hankel'sAblage.
8. Mai 85.

Meine liebe Frau.

Der Brief an Theo (6 Seiten von Martha) und der an die Lübke von mir, gehen gleichzeitig mit diesen Zeilen zur Post. Ueber unsre gestrige Fahrt berichtet die beiliegende Karte, die wir gestern nicht mehr expediren konnten. In der Nacht hatte Martha Gallen-Erbrechen, was sie angegriffen hat, ihr, im Ganzen aber, sehr gut bekommen ist. Leber, Galle, Milz, alles hängt zusammen. Heute ist es empfindlich kalt, also von im Freiensein keine Rede, aber beim Arbeiten hat es mich nicht gestört. Das Buch von Max Hobrecht interessirt uns sehr. Die dritthalb Stunden, die wir gestern in der „Waldschenke" zubrachten – Martha trank unter andrem einen Schnaps, der „Klostergeheimniß" hieß – waren ein Novellenkapitel. Zeitverlust und Unbequemlichkeit wurden reichlich aufgewogen.

Ich komme morgen zu herkömmlicher Zeit; das Billet bist Du wohl so gut besorgen zu lassen oder besorgst es selbst, wenn Du C.'s Umsicht und Geschicklichkeit nicht traust.Das Gastspiel Fr. *Rübsam's* wird sich wohl in der nächsten Woche fortsetzen; was mir daraus an Kosten entspringt, trage ich gern, denn ich fühle jeden Tag wie wohl mir die Luft thut. Berlin im Sommer ist nun mal nicht mein Fall.

Wenn Du morgen erst mit dem um 6 Uhr 30 abgehenden Zug fährst, kannst Du bis 5 Uhr 30 ruhig (oder auch unruhig) Deinen Geschäften nachgehn. Martha grüßt und freut sich Dich zu sehn. Wie immer Dein alter

Th. F.

Züge von Berlin nach H. Ablage.
12.30/2.35/6.30

Denkwürdige vierzehn Tage

Lapidar heißt es in Theodor Fontanes Tagebuch von 1884: „Vom 12. bis 26. Mai, runde 14 Tage, blieb ich in Hankels Ablage und schrieb acht Kapitel zu meiner Novelle ‚Irrungen, Wirrungen', wodurch ich dieselbe im ersten Entwurf zum Abschluß brachte." Vierzehn Tage. Als im Herbst 1982 im Zeuthener Rathaus der Gedanke zur Sprache kam, dem märkisch-berlinischen Meister eine Gedenktafel zu stiften, fehlte es nicht nur an Geld, es gab auch Einwände. Einer der Honoratioren – später machte er sich das Anliegen selbst zu eigen und lieferte eine zündende Idee – meinte zunächst: „Was sind 14 Tage? Wo war er denn in den übrigen 50 Wochen? Man kann ihm doch darum nicht überall Denkmäler setzen!"

So konnte man es sehen. Aber auch anders: Vom Sommer 1874, als Theodor Fontane von Bord der Segeljacht „Sphinx" aus erste Eindrücke vom Dahmeland notierte, bis zum Abschluß seines Romans „Stine" im Jahre 1888, in dem Hankels Ablage ein letztes Mal aufscheint, vergingen nicht 14 Tage, sondern 14 Jahre, Jahre, in denen sich der Erzähler Fontane formte und den Reigen seiner großen gesellschaftskritischen Romane eröffnete. Vergleicht man die auf Hankels Ablage bezogenen literarischen Zeugnisse jener Schaffensperiode miteinander, so erkennt man mit Staunen, wie sich diese Örtlichkeit dem Dichter stufenweise erschloß.

Im **Notizbuch** von 1874 hielt Theodor Fontane fest, was ihm Kapitän Backhusen und andere Fahrtgenossen über das Land ringsum und seine Bewohner erzählten. Noch stehen da kaum mehr als Namen von Geländepunkten, und selbst die sind – nach bloßem Hörensagen aufgenommen – noch ungenau: „Hankes Ablage" schreibt er auf und wundert sich über so seltsame Bezeichnungen, deren Herkunft er nicht kennt, mit denen er folglich noch nichts anzufangen weiß. Die Aufzeichnungen von dieser Schiffsreise bleiben zunächst liegen. Erst zwei Jahre später greift Fontane sie wieder auf und verdichtet sie zu einer **Reisereportage**. 1878 erscheint sie erst-

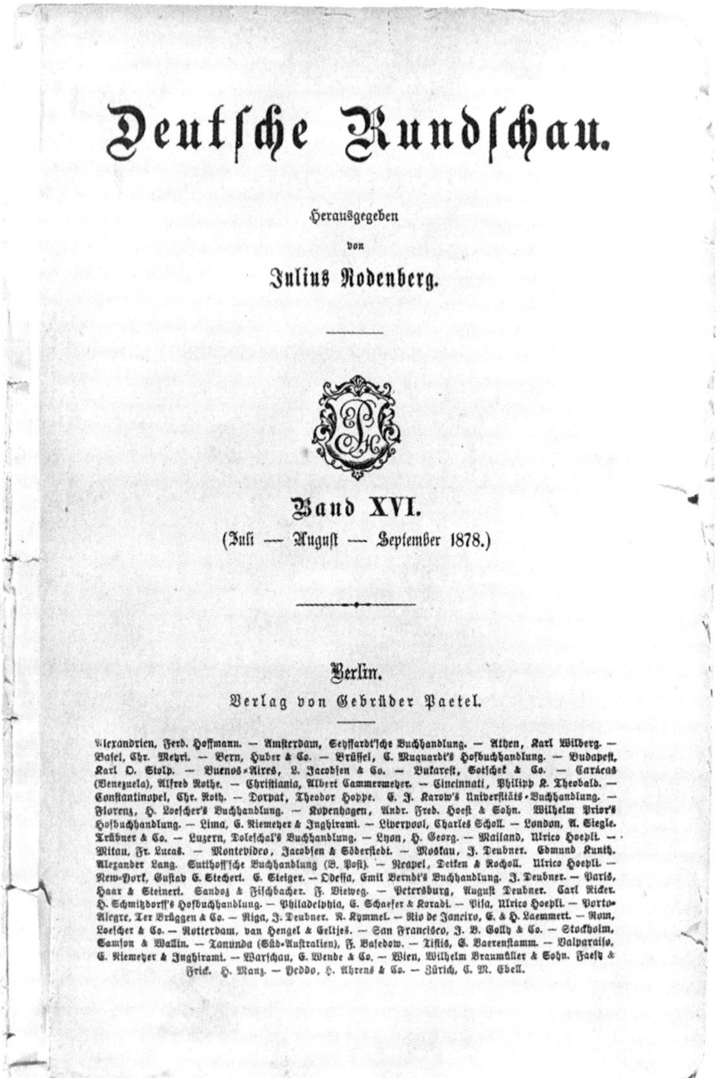

Deutsche Rundschau.

Herausgegeben
von
Julius Rodenberg.

Band XVI.
(Juli — August — September 1878.)

Berlin.
Verlag von Gebrüder Paetel.

Alexandrien, Ferd. Hoffmann. — Amsterdam, Seyffardt'sche Buchhandlung. — Athen, Karl Wilberg. — Basel, Chr. Meyri. — Bern, Huber & Co. — Brüssel, C. Muquardt's Hofbuchhandlung. — Budapest, Karl O. Stolp. — Buenos-Aires, L. Jacobsen & Co. — Bukarest, Sotschek & Co. — Carácas (Venezuela), Alfred Rothe. — Christiania, Albert Cammermeyer. — Cincinnati, Philipp R. Theobald. — Constantinopel, Chr. Roth. — Dorpat, Theodor Hoppe. E. J. Karow's Universitäts-Buchhandlung. — Florenz, H. Loescher's Buchhandlung. — Kopenhagen, Andr. Fred. Hoest & Sohn. Wilhelm Prior's Hofbuchhandlung. — Lima, E. Niemeyer & Inghirami. — Liverpool, Charles Scholl. — London, A. Siegle. Trübner & Co. — Luzern, Doleschal's Buchhandlung. — Lyon, H. Georg. — Mailand, Ulrico Hoepli. — Mitau, Fr. Lucas. — Montevideo, Jacobsen & Södersiedt. — Moskau, J. Deubner. Edmund Kunth. Alexander Lang. Gutthoff'sche Buchhandlung (B. Post). — Neapel, Detken & Rocholl. Ulrico Hoepli. — New-York, Gustav E. Stechert. E. Steiger. — Odessa, Emil Berndt's Buchhandlung. J. Deubner. — Paris, Haar & Steinert. Sandoz & Fischbacher. F. Vieweg. — Petersburg, August Deubner. Carl Ricker. H. Schmitzdorff's Hofbuchhandlung. — Philadelphia, E. Schaefer & Koradi. — Pisa, Ulrico Hoepli. — Porto-Alegre, Ter Brüggen & Co. — Riga, J. Deubner. R. Kymmel. — Rio de Janeiro, E. & H. Laemmert. — Rom, Loescher & Co. — Rotterdam, van Hengel & Eeltjes. — San Francisco, J. B. Golly & Co. — Stockholm, Samson & Wallin. — Tanunda (Süd-Australien), F. Basedow. — Tiflis, G. Baerenstamm. — Valparaiso, E. Niemeyer & Inghirami. — Warschau, E. Wende & Co. — Wien, Wilhelm Braumüller & Sohn. Faesy & Frick. H. Manz. — Yeddo, H. Ahrens & Co. — Zürich, C. M. Ebell.

Erstdruck der Reportage „Die wendische Spree"
in Julius Rodenbergs „Deutscher Rundschau"

Dorfes, gruppenweise versteckt in den Senkungen des Hügels lagen. Nur hier und dort ein Busch, ein Blumenbeet.

Um den Eindruck zu bannen, den das Innere der Kirche auf uns gemacht hatte, forschten wir nach Kahnis' Grab, freilich zunächst umsonst. Der Küster, der erst wenige Monate im Dorfe war, hatte den Namen nie gehört, zeigte sich indessen beflissen, in seiner Schulclasse zu fragen. Als er wieder zu uns trat, war er in Begleitung eines halbwachsenen Mädchens, dessen flachsblonde Zöpfe zu einer dichten Krone zusammengelegt waren. Sie begrüßte uns unbefangen, schritt auf einen abseits gelegenen, halbverwilderten Fliederbusch zu und sagte dann, indem sie die Zweige auseinander bog: „das ist Kahnis' Grab". Auf einem eingefallenen Hügel, der mehr mit Moos als mit Gras überwachsen war, lag ein halbumgestürztes Kreuz; die Inschrift war längst vom Regen abgewaschen. Als wir neugierig fragten, „woher sie die Stelle so gut kenne", zeigte sie, statt jeder anderen Antwort, auf ein Hänflingsnest, das sich in dem Gezweig versteckte. Die beiden Alten flogen auf, umkreisten aber die Stätte. Capitän Backhusen, als er des geängstigten Pärchens ansichtig wurde, lüpfte den Hut und sagte dann: „das sind wir dem Andenken Kahnis' schuldig, den Frieden dieses glücklichen Haushaltes nicht länger zu stören." Damit traten wir unseren Rückzug an.

Eine Viertelstunde später waren wir wieder an Bord der „Sphinx" und fuhren nun, unseren Curs wechselnd, auf die Südspitze des Zeuthener-Sees zu. Auch hier noch ist der Segelclub zu Haus, dessen anwesende Mitglieder nicht ermangelten, mir „Hankel's Ablage", „Hache's Gruß", den „Gingang-Berg" und ähnlich wunderlich benannte Punkte vorzustellen. Aber der Zeuthener-See ist doch schon Vorterrain; die Villen hören auf; der Einfluß der Hauptstadt schwindet, und die eigentliche „Wendei" beginnt. Die Ufer, still und einförmig. Nur dann und wann ein Gehöft, das sein Strohdach unter Eichen versteckt; dahinter ein Birkicht, ein zweites und drittes, coulissenartig in die Landschaft gestellt. Am Horizonte der schwarze Strich eines Kiefernwaldes. Sonst nichts als Rohr und Wiese, und ein schmaler Gerstenstreifen dazwischen; ein Habichtpaar in Lüften, das im Spiel sich jagt; von Zeit zu Zeit ein Angler, der von seinem Boot, oder einem halbverfallenen Steg aus, die Schnur in's Wasser wirft. Wenig Menschen, noch weniger Geschichte. Selbst der Feind mied diese Stelle. Darum fehlen hier auch die Schlachtfelder auf viele Meilen hin. In einer alten Chronik heißt es: „Der 30jährige Krieg kam nicht hieher, weil ihm die Gegend zu arm und abgelegen war." Er wußte wol, was er that. Wie ein Feuer ohne Nahrung, wär' er in diesem See- und Spreegebiet erloschen.

Der Grundzug der Wendei, wenigstens an dieser Stelle, ist Trauer und Einsamkeit.

Um Mittag hatten wir die Südspitze des Zeuthener-Sees erreicht; von fern her blickte der Königs-Wusterhausener Thurm zu uns herüber. Dann fuhren wir in die Neumühler-Schmalung ein, die den Zeuthener-See mit dem Krüpel-See verbindet, endlich aus dieser Schmalung in den Krüpel-See selbst.

Die Landschaftsbilder blieben dieselben und wechselten erst, als wir, bei Dorf Cablow, aus der bis dahin befahrenen Seen-Kette der wendischen Spree in diese selbst gelangten. Nicht viel breiter als ein Torfgraben, zieht sie hier

mals in Julius Rodenbergs „Deutscher Rundschau“ unter der Überschrift „Die Wendische Spree“. 1881 geht sie als eine der schönsten fontaneschen Reiseschilderungen in den Band „Spreeland“ der „Wanderungen durch die Mark Brandenburg“ ein: „An Bord der ‚Sphinx‘“. Darin sind nun die Andeutungen und Stichworte aus dem Notizbuch zu einem beeindruckenden Landschaftsbild geformt: „Eine Viertelstunde später waren wir wieder an Bord der ‚Sphinx‘ und fuhren nun, unseren Curs wechselnd, auf die Südspitze des Zeuthener-Sees zu. Auch hier noch ist der Segelclub zu Haus, dessen anwesende Mitglieder nicht ermangelten, mir ‚Hankel's Ablage‘, ‚Hache's Gruß‘, den ‚Gingang-Berg‘ und ähnlich wunderlich benannte Punkte vorzustellen. Aber der Zeuthener-See ist doch schon Vorterrain; die Villen hören auf, der Einfluß der Hauptstadt schwindet, und die eigentliche ‚Wendei‘ beginnt. Die Ufer still und einförmig. Nur dann und wann ein Gehöft, das sein Strohdach unter Eichen versteckt; dahinter ein Birkicht, ein zweites und drittes, coulissenartig in die Landschaft gestellt. Am Horizonte der schwarze Strich eines Kiefernwaldes. Sonst nichts als Rohr und Wiese und ein schmaler Gerstenstreifen dazwischen; ein Habichtpaar in Lüften, das im Spiel sich jagt; von Zeit zu Zeit ein Angler, der von seinem Boot oder einem halbverfallenen Steg aus, die Schnur in's Wasser wirft. Wenig Menschen, noch weniger Geschichte. Selbst der Feind mied diese Stelle. Darum fehlen hier auch die Schlachtfelder auf viele Meilen hin. In einer alten Chronik heißt es: ‚Der 30jährige Krieg kam nicht hieher, weil ihm die Gegend zu arm und abgelegen war.‘ Er wußte wol, was er that. Wie ein Feuer ohne Nahrung wär' er in diesem See- und Spreegebiet erloschen.

Der Grundzug der Wendei, wenigstens an dieser Stelle, ist Trauer und Einsamkeit ...“

Merken wir uns diesen Textausschnitt gut; er wird uns dann noch einmal begegnen – in abgewandelter Form. Waren es in der Reportage noch das Landschaftsbild und Bilder aus der Landesgeschichte gewesen, die Theodor Fontane großflächig erfaßt und skizziert hatte, so brachte ihm die Rückkehr nach Hankels Ablage 1884/85 und die Einkehr hier Bewohner und Sommergäste der Kolonie näher. Schon seine **Briefe** vermitteln ein buntes, lebendiges Bild. Manches davon fließt unmittelbar in die hier spielenden Kapitel 11, 12 und 13 seiner „Berliner Alltagsgeschichte“ (so nennt er sie später)

See bei Schmöckwitz, Aquarell von Otto Scherfling. Nationalgalerie

Landschaft bei Hankels Ablage. Aquarell von Otto Scherfling. Nationalgalerie

Briefe und Postkarten, die von Hankels Ablage abgingen bzw. dahin adressiert waren

Spitzbubenweg

Einstige „Waldschenke“

Reste der alten Stationsgebäude

Am Siegertplatz mündet der Plumpengraben in den Zeuthener See

Neben den Anlegestegen der Segelboote ist von der ehemaligen Ablage und Verladestelle für Mauerziegel nichts mehr zu erkennen

„Am Horizonte der schwarze Strich eines Kiefernwaldes …“

Rudolph Käppel ließ 1886/87 diesen Ziegelbau als neues Restaurant errichten. Jetzt ist in dem damaligen „Seglerschloß" die Verwaltung des DESY-Instituts untergebracht

Eine helle Cafeteria ersetzte den alten Wirtshaussaal

Das untere Ende des Hankelweges führt jetzt zur Lindenallee 12a

Alter Apfelbaum im einstmals Hankelschen Obstgarten

Reste der alten Weinspaliere

An der Stelle des ursprünglichen Fischer- und Wirtshauses steht seit langem ein Landhaus (Lindenallee 12a)

Lindenallee 10 heute. Einst August Hankels Alterswohnsitz, ist es jetzt Privatbesitz der Familie Roehricht

An den ersten auf ehedem Hankelschem Grund und Boden erbauten Landhäusern finden sich noch heute reizvolle architektonische Details (Lindenallee 8)

Oktoberstimmung auf dem Fontaneplatz

In der urgemütlichen Gaststätte „Haus Rheinau“, Fontaneallee 17, sehen manche Leute die alte Hankelsche Krugwirtschaft. Sie irren sich!

Westlich der Bahngeleise leitet der idyllische Hankelweg hinauf zum alten Miersdorf

Alte Linde vor dem Kirchhof
Die Kirche zu Miersdorf wurde im 14./15. Jahrhundert erbaut

Als einziges blieb dieses namenlose Grab auf dem alten Friedhof erhalten

der Familie
von Hankels-Ablage.
1895.

Am Erbbegräbnis der Fischerfamilie Hankel auf dem neuen Miersdorfer Friedhof an der Straße der Freiheit

Auguste und August Hankel, der Stifter, wurden hier beigesetzt

*Zurück zum Bahnhof Zeuthen kann man –
abseits der vielbefahrenen Lindenallee – diesen Schlängelweg
durch das Miersdorfer Heidchen gehen.*

„Irrungen, Wirrungen“ ein. Doch so ausführlich Fontane manche örtliche Einzelheit beschreibt: Der Ausflugsort am Rande der Großstadtzivilisation wird jetzt nicht mehr um seiner selbst willen charakterisiert: Er wird zum sinnfälligen Hintergrund des Geschehens im **Roman**. Die entscheidende Phase des an Klassenschranken und Standesansprüchen scheiternden Liebesverhältnisses zwischen der Weißnäherin Lene Nimptsch und ihrem adligen Liebhaber Botho von Rienäcker findet hier statt: Bothos unverhofft auftauchende Kameraden und ihre Damen zerstören die ländliche Idylle, rücken unabweisbar die Wirklichkeit ins Blickfeld und nehmen dem Mädchen die letzte Illusion. Noch bevor Botho Tage später das Verhältnis förmlich löst und sich dem Familienbeschluß einer einträglichen Standesheirat beugt, wird so das „Vorbei!“ zur Gewißheit.

Ein letztes Mal kehrt Theodor Fontane in „Stine“ nach Hankels Ablage zurück. Inmitten der Fabriken und Mietshäuser des Berliner Nordens erinnert sich die jüngere Schwester der resoluten Witwe Pittelkow – auch sie ist in eine „unstandesgemäße“ und darum aussichtslose Liebesbeziehung verwickelt worden – an ein schon in die Vergangenheit entrücktes, beglückendes Erlebnis, einen Ausflug, der sich ihr für immer einprägte.

„Das schönste aber seien die Landpartien im Sommer. Da würden ein paar Kremser gemietet, und noch vor Tau und Tag ging' es ins Freie hinaus, nach Schildhorn und Grunewald oder nach Tegel und dem Finkenkrug. Oder auch zu Wasser, was freilich, solange sie da sei, nur einmal gewesen, aber ihr auch ganz unvergeßlich geblieben sei. Da wär ein Dampfschiff gemietet worden, und die ganze Spree hinauf, an Treptow und Stralow und dann an Schloß Köpenick und Grünau vorüber, wären sie bis in die Einsamkeit gefahren, bis an eine Stelle, wo nur ein einziges Haus mit einem hohen Schilfdach dicht am Ufer gestanden habe. Da wären sie gelandet und hätten Reifen gespielt. Ihr aber sei das Herz so zum Zerspringen voll gewesen, daß sie nicht habe mitspielen können, wenigstens nicht gleich, weshalb sie sich unter eine neben dem Hause stehende Buche gesetzt und durch die herabhängenden Zweige wohl eine Stunde lang auf den Fluß und eine drüben ganz in Ampfer und Ranunkeln stehende Wiese geblickt habe, mit einem schwarzen Waldstreifen dahinter. Und es sei so still und einsam gewesen, wie sie gar nicht gedacht, daß Gottes Erde sein könne. Nur ein Fisch sei mitunter aufgesprungen und ein Reiher über die Wasserfläche hingeflogen. Und als sie sich satt gesehen an der Einsamkeit, habe sie die anderen wieder aufgesucht und mit ihnen gespielt; und sie höre noch das Lachen und sähe noch, wie die Reifen in der Sonne geblitzt hätten."

Die Landschaft ist hier ganz ins Visionäre gehoben. Von Hankels Ablage wird nicht mehr gesprochen. Nur ganz wenige Blickpunkte sind benannt: Wir begegneten ihnen schon in Fontanes erster Beschreibung. Von allem örtlich Konkreten sieht der Dichter nun ab. Selbst der Stil betont die Distanz. Ließ Fontane in „Irrungen, Wirrungen" noch handelnde Personen über das Land ringsum sprechen, so nimmt er nun alle direkte Rede zurück und läßt Stines Erinnerung durch eine dritte Person im Konjunktiv wiedergeben. Es ist, als ob Hankels Ablage, so wie sie einst in den Gesichtskreis des Dichters glitt, seinem Blick nun wieder entschwindet.

Auf Fontanes Spuren rund um Hankels Ablage

Begleiten Sie mich auf einem Spaziergang durch den Zeuthener Ortsteil Hankels Ablage und weiter hinauf nach Miersdorf, auf Wegen, die dereinst die Hankels benutzten und die – wenigstens teilweise – auch Theodor Fontane gegangen sein mag.

Beginnen wir dort, wo Fontane am 12. Mai 1884 dem Vorortzug entstieg. Wir versammeln uns **am östlichen Ausgang des S-Bahnhofs** und schlendern in südlicher Richtung den hübschen Fuß- und Fahrradweg an den Bahnanlagen entlang. Die launigen Zeuthener gaben ihm den Namen „Spitzbubenweg". Er ist erst vor wenigen Jahren angelegt worden, um den Kindern abseits der vielbefahrenen Straße einen ungefährlicheren Schulgang, den eiligen S-Bahn-Passagieren aus Richtung Wildau aber ein rascheres Erreichen ihres Zuges zu ermöglichen. Vor Zeiten gab es diesen Pfad schon einmal. Doch er verfiel, wurde eines Tages gesperrt und stillschweigend den angrenzenden Grundstücken einverleibt. Jetzt könnte er das erste Stück eines Wanderweges bilden, der sich nach Süden über Wildau bis Königs Wusterhausen, nach Norden über Eichwalde bis Grünau fortsetzt.

Am anderen Ende des „Spitzbubenweges" treffen wir auf die Stelle, an der sich anfangs die **Bahnstation** befunden hat, **„Hankels Ablage – Zeuthen"**. Jenseits der Gleise sehen Sie noch **zwei der alten Stationsgebäude**, ein Fachwerk- und ein halbes Backsteinhäuschen: unscheinbar, auffallend nur dem, der darum weiß. Das darf man auch von dem Ziegelbau mit vorgelagerter Veranda behaupten, der neben uns über den Zaun und einen verwilderten Vorgarten lugt: Seit längerem als Wohnhaus genutzt, ist es **das ehemalige Restaurant „Waldschenke"**, von August Hankels Schwager August Siegert erbaut. Es bot bis zur Verlegung des Bahnhofszugangs Reisenden wie Einheimischen Gastlichkeit, und gelegentlich ist auch Fontane dort eingekehrt.

Der „Spitzbubenweg" setzt sich jenseits der Straße, die hier die Gleise kreuzt, unter dem Namen „An der Eisenbahn" fort. Fontane dürfte es indessen vorgezogen haben, mit seinem Koffer auf kürzestem Wege, quer durch den Wald, über die damals noch stille Landstraße Köpenick–Königs Wusterhausen hinweg, Gastwirt Käppels „Etablissement“ zu erreichen und sich dort erst einmal zu erfrischen.

Wir aber halten uns scharf links, spazieren am Parkplatz neben „Kaiser's“ vorbei (Vorsicht beim Überqueren der Kreuzung!), immer **an der früheren Gemarkungsgrenze zwischen Zeuthen und Miersdorf entlang**, durch die Ahornallee. Bis hierher reichte einmal der Hankelsche Grundbesitz. Nach rechts hin, wo jetzt Einfamilienhäuser und Obstgärten den Blick verwehren, dehnte sich vor einem Jahrhundert noch freies Feld, und drüben konnte man Käppels Restaurant liegen sehen. Die Ahornallee endet am umzäunten Gelände des Segelclubs Zeuthen. An Stelle der flachen Bootshäuser erhoben sich noch zu Fontanes Zeiten die Trockenscheunen und Brennöfen der Ziegelei. Durch die Straße, die wir eben passiert haben, rumpelten Kipploren und schafften auf einem Feldbahngleis Lehm aus der Miersdorfer Grube heran. Am Ufer wurden Mauersteine gestapelt und auf Zillen verladen. Jetzt ist unter dem Gewirr von Stegen und vertäuten Segeljachten nichts mehr von dieser **einstmals mittleren Ablage** zu erkennen.

Der Zeuthener See selbst dafür umso besser. Wenn wir uns vom Ende der Ahornallee nach links wenden und dem unbefestigten, ausgefahrenen Landweg folgen, gelangen wir in ein paar Minuten zur Zeuthener Dorfaue, dem Kern des alten Fischerdorfes „in den Binsen“, wie es in slawischer Vorzeit hieß. Dorthin zieht es uns jetzt aber nicht. Vielmehr überqueren wir den weiten, mit Erlen, Linden und Kastanienbäumen umstandenen Rasenplatz. Er gehörte ursprünglich August Siegert – ja, demselben, der das Gasthaus an der Bahn betrieb. Er vermachte den Platz der Gemeinde und ließ ihn parkähnlich gestalten. Zum Dank gab man ihm den Namen **„Siegertplatz“**. In jüngster Zeit provisorisch instandgesetzt, harrt er weiterer Gestaltung. Doch er ist das hübsche Fleckchen Erde geblieben, das er immer war. Ein zierlich gewölbter Steg überbrückt den **Plumpengraben**, der, aus verschiedenen Erosionsrinnen des Teltow kommend, hier in die Dahme mündet. „Plumpen“, das Wort bezeichnet im märkischen Platt Teichrosen, die in dem langsam fließenden Gewässer früher wurzelten, seit der Kanalisierung des Fließes aber verschwunden sind. Hatte

Saal und Garten des einstigen „Seglerschlosses"

Theodor Fontane diesen Wasserlauf im Sinn, als er – in „Irrungen, Wirrungen", 13. Kapitel – Lene und ihre Begleiterinnen auf dem Bummel nach Zeuthen sich „auf einem mit Moos bewachsenen Grabenrand" niedersetzen ließ? Es scheint so. Uns laden die Bänke am Ufer zum Verweilen ein. Nach links hin dehnt sich die Weite des Sees, dahinter der dunkle Waldstrich vom Schmöckwitzer Werder. Ziemlich nahe rücken uns die Wassergrundstücke und Bootsliegeplätze auf dem Bockswerder drüben, der sich wie ein Balkon in die Dahmegewässer hineinschiebt und so den Zeuthener See nach Südosten abschließt. Zu Fontanes Zeit war er noch freies, feuchtes Wiesenland, erst spärlich bebaut.

Lassen Sie Ihren Blick nun weiter nach rechts schweifen, so können Sie auch diesseits der Dahme eine Landzunge ausmachen. Es ist das sogenannte „Kap". Rechts davon, an der südöstlichen Ausbuchtung des Sees, stand das alte schilfgedeckte Fischerhaus der Hankels. Von Bord der Segeljacht „Sphinx" aus bekam Theodor Fontane das „Gehöft, das sein Strohdach unter Eichen" versteckte, im Juli 1874 noch zu Gesicht. Als er zehn Jahre später auf Hankels Ablage logierte, war es verschwunden, abgebrannt. Nur die Erinnerung daran lebte in ihm weiter.

Wir kehren zur Straße zurück und gehen durch die Eichenallee geradewegs zum DESY, einem Forschungsbereich des Deutschen Elektronen Synchrotrons Hamburg. In dem hohen, roten **Ziegelbau am anderen Ende der Straße** ist die Institutsverwaltung untergebracht. Erbaut wurde es 1886/87 noch von **Rudolph Käppel als neues Hotel und Restaurant**, nachdem das alte, dahintergelegene wegen des großen Zuspruchs von Wassersportlern und Wochenendgästen zu eng geworden war. Als „Seglerschloß" fand es jahrzehntelang viel Zuspruch, bevor im Sommer 1940 das Reichspostministerium das Grundstück mit allen Gebäuden erwarb und im Rahmen der Reichspostforschungsstelle dort geheime kernphysikalische Forschungen zu betreiben begann.

Möchten Sie sich die **Fontane-Ausstellung in der Cafeteria** ansehen? Dann sprechen Sie beim Pförtner vor! Fünf Vitrinen veranschaulichen Theodor Fontanes Leben und Werk, seinen Aufenthalt hier und dessen „literarische Folgen", vor allem aber die Lage der alten, heute größtenteils nicht mehr

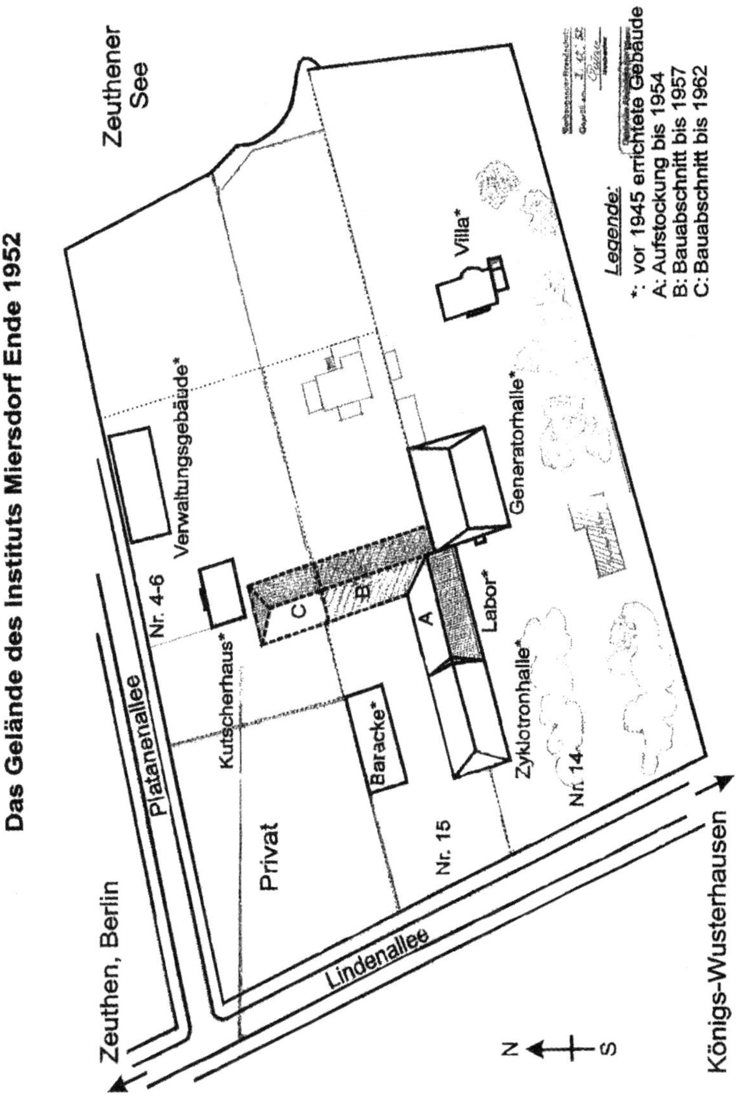

Der Lageplan von 1952 verzeichnet das von Fontane aufgesuchte „Etablissement Käppel“ zwischen Verwaltungsgebäude und Villa. In den 60er Jahren ist es abgerissen worden.

vorhandenen Gebäude, von denen er berichtet. Hier ist der 1985 gegründete Theodor-Fontane-Kreis Zeuthen zu Hause und lädt zu literarischen Veranstaltungen ein.

Wir müssen das Institutsgelände umgehen, um uns **Hankels Ablage im engeren Sinne** des Wortes zu nähern. Werfen Sie im Vorübergehen einen Blick auf das Haus Lindenallee 16, einen behäbig breiten Fachwerk-Ziegel-Bau, typisch für die ersten Landhäuser, die in den 80er und 90er Jahren des vorigen Jahrhunderts hier entstanden. Es gibt nur noch einige davon; die meisten wurden längst ersetzt oder durch Um- und Ausbauten so verändert, daß die ursprüngliche Form kaum noch erkennbar ist.

An der Südwestecke des Institutsgeländes erreichen wir den Zugang zur Lindenallee 12a. Jenseits der Straße mündet eine Nebenstraße ein und setzt sich diesseits als Privatweg fort. Es ist ein Stück vom alten **Hankelweg**, jetzt der Straße „An der Eisenbahn" zugeschlagen. Vor Zeiten war das eine Viehtrift, und die Fischer von Rauchfangswerder benutzten sie an Sonn- und Feiertagen als Kirchsteig hinauf zum Miersdorfer Gotteshaus. Es heißt, Friedrich Hankel, der erste Fischer auf der Ablage, sei, bevor er sich im Fischerhaus niederließ, von der Meierei Waltersdorf hierherunter gekommen, um seinem Fang nachzugehen. Daher der Name.

Der Privatweg führt uns längs der südlichen Begrenzungsmauer des Instituts, an den einstigen Hankelschen Obstgärten vorüber zu einigen bejahrten Wohngebäuden. Wer sich dort umsehen möchte, sollte einen der Bewohner um Erlaubnis bitten. Etwa dort, wo das Haupthaus steht, befand sich bis 1882, als es abbrannte, **das alte Fischerhaus, die Krugwirtschaft der Hankels.** Hier unten am Ufer waren die Kähne angepflockt oder lagen kieloben zum Teeren am Hang. Auf der Landzunge rechterhand hatten die Fischer zum Trocknen und Flicken die Netze aufgespannt und Bündel von langen Reusenstangen lehnten an Bäumen und am Geräteschuppen. Hier an dieser Stelle ließ Theodor Fontane Lene und Botho, das ungleiche, zukunftslose Paar das Ruderboot **„Forelle"** besteigen (denn was sollte ihnen die „Hoffnung"?). Sie ruderten hinüber nach dem Bockswerder. Dort befand sich früher wirklich eine **Schiffskalfaterei.** Sie spazierten am Ufer entlang zur **„Ranunkelwiese"** und gaben sich den letzten schönen Stunden ihrer „Bindung" hin. Dort drüben also war das.

Einen Uferweg würden wir jetzt auch gern einschlagen. Doch den gibt es nicht, alle Grundstücke reichen bis ans Wasser. So bleibt uns nichts übrig, als zur Straße zurückzugehen und sie weiterzuverfolgen, ein Stück nur, bis zu dem durch ein Tor verschlossenen Zugang zur Lindenallee 10. Wenn wir Glück haben, ist offen, oder der Besitzer öffnet uns auf unser Klingeln hin. Hinter Bäumen versteckt sich ein altertümliches Landhaus. Es ist die 1883 von August Hankel erbaute **„kleine Villa"**, sein Alterswohnsitz, den er zusammen mit einer Tochterfamilie bis zu seinem Tode 1906 bewohnte, **das einzige noch vorhandene Hankelhaus auf der Ablage**. Auf dem freien Platz davor, auf der Grundstücksgrenze zur benachbarten Lindenallee 9, hat Ludwig Hankels, des Schneiders, Büdnerhäuschen gestanden, bis es Ernst Hankel, der letzte Fischer, abreißen ließ. Keine Spur ist davon geblieben, so wenig wie von der „großen Villa", deren moderne, in den 80er Jahren erbaute Nachfolgerin durch die Bäume schimmert.

Der etwas verwilderte Wald jenseits der Straße ist der letzte Rest des **Miersdorfer Heidchens**, vor Zeiten Teil eines geschlossenen Waldgebietes, das die Hänge des Teltow bedeckte und die „Colonie" am See von Miersdorf trennte. In den Gärten zur Linken sieht man größere und kleinere Villen meist älteren Stils: Diese Grundstücke, einst zu August Hankels Grundbesitz gehörend, waren von ihm zuerst verkauft und von den Käufern am frühesten bebaut worden. Je weiter wir kommen, desto neuzeitlicher die Häuser.

Zwischen Fontaneallee 6 und 8 öffnet sich der hübsche **Fontaneplatz** unserem Blick, **der letzte Rest der einstigen Ablage**. Auf dem 1996 mit Fördermitteln des Landkreises Dahme-Spreewald gestifteten Gedenkstein liest man:

> Hier auf Hankels Ablage schrieb
> THEODOR FONTANE
> im Mai 1884 die letzten Kapitel seines Romans
> IRRUNGEN, WIRRUNGEN
>
> Ein'ge Kapitel, wohlgetan,
> Spielen an der Görlitzer Bahn;
> Ein Kuß, was ist er, wenn Züge brausen
> Vorüber an Schmöckwitz und Wusterhausen.

Ingeborg Fontane, Ur-ur-Enkelin des Dichters und Bürgermeister Klaus-Dieter Kubick enthüllten im Mai 1996 den Gedenkstein auf dem Fontaneplatz, dem letzten Teil der früheren Ablage

Von hier soll nach beiden Seiten hin das erste Stück einer Uferpromenade entstehen.

Schauen wir noch einmal über die hier recht schmale Dahme zur Nordspitze des Miersdorfer Werders mit ihren winzigen Anglerlauben und kehren wir dann dem Wasserlauf den Rücken. Wenige Schritte hinter dem Fontaneplatz biegen wir rechts in den Westkorso ein. Lassen Sie sich nicht durch die wechselnden Ortsschilder verwirren! Wildau und Zeuthen sind hier – alter Gemarkungen wegen – tief ineinander verschachtelt. So wechselt man in einem fort aus dem einen Ort in den anderen. Hinauf nach Miersdorf wollen wir uns jetzt begeben. Wenn Sie es eilig haben, gehen Sie einfach geradeaus. In einer Viertelstunde kommen Sie, am Miersdorfer Friedhof vorbei, zum Dorfkern.

Wir jedoch nehmen uns etwas mehr Zeit, biegen jenseits der Gleise rechts in die Birkenallee ein. Sie geht in die Rheinstraße über, und diese bringt uns zum vorhin schon flüchtig berührten **Hankelweg** zurück, der durch die Bahnstrecke unterbrochen, also nicht durchgängig passierbar ist. Wir wenden uns nun nach links. Bald endet die Bebauung auf beiden Seiten, und durch märkischen Kiefernwald, von Birken und Eichen durchsetzt, geht es sacht bergan. Auf diesem Stück hat der Hankelweg seine Ursprünglichkeit als breiter märkischer Landweg bewahrt. Das Schuhwerk mahlt sich durch feinkörnigen Dünensand und gibt uns eine Vorstellung von heiklen Situationen in früherer Zeit, wenn sich nach langer Trockenheit die Räder von Postkutschen, Frachtwagen oder Droschken im Sande festfraßen und wieder flott gemacht werden mußten. Still ist es ringsum. Nur ein Luftzug weht leise durch die Wipfel.

Wo der Hankelweg in die Miersdorfer Chaussee einmündet, fällt uns ein weiß-rot-weißes Wegzeichen auf; schon ein paar Mal sind wir ihm begegnet. Es kennzeichnet den **Fontane-Wanderweg**, einen Gebietswanderweg, der in Berlin-Köpenick beginnt, zwischen Schmöckwitz und Wildau-Hoherlehme Zeuthen durchquert, über den Funkerberg auf der alten Poststraße Königs Wusterhausen erreicht und sich über Lübben bis in den Spreewald fortsetzt.

Unser Ziel liegt näher: Es ist **die alte Feldsteinkirche von Miersdorf**, das älteste erhaltene Baudenkmal des Ortes. Die Hankels hatten hier einen Kirchensitz inne. In einem Buch über die Kunstdenkmale des Teltow heißt es über das altehrwürdige Kirchlein: „Auf dem Dorfanger inmitten des von einer Feldsteinmauer umgebenen ehemaligen Friedhofs, zu dem westlich ein rundbogiges Tor aus Backstein ..., untermischt mit Feldsteinbrocken führt ... Teilweise verputzter Feldsteinbau wohl des 14./15. Jahrhunderts, 1710 erneuert, mit verbrettertem, 1921 erhöhtem Turm über dem Westgiebel.“ Unlängst hat die Kirche ein neues, rotes Dach bekommen. Im Inneren birgt sie nur wenige, doch bemerkenswerte Schätze, von denen der Taufstein aus der Renaissancezeit und eine farbige Skulptur der Maria mit dem Kinde – man nennt sie die „Maria von Miersdorf“ – wohl am sehenswertesten sind. Eine Anmeldung im Pfarramt Oldenburger Straße genügt. Die Kirche wird dem Besucher dann gern geöffnet. Wir umrunden den alten Bau. Eine schmale, von Efeu überwachsene Grabstelle zieht unsere Blicke auf sich. Als einzige ist sie auf dem seit langem aufgehobenen Kirchhof erhalten geblieben, und die Kirchgemeinde hat sie in Pflege genommen. Eine verrostete gußeiserne Tafel am Kopfende, namenlos, die Worte darauf kaum noch zu entschlüsseln. Nur wenn die Frühsonne schräg auf die Oberfläche fällt und Schatten wirft, läßt sich die Inschrift lesen:

Sie wird uns unvergeßlich bleiben,
Die hier im Grabe schläft und ruht.
Ihr Bild so wie ihr thätig Treiben
Gab stets im Leben Trost und Muth.
Drum bringen wir zu Deinem Grabe
In Lieb' und Dank die kleine Gabe
Und bauen Dir dies Denkmal auf.

Das Grab einer Namenlosen. Und ein Nachruf, der vielen Unbekannten gelten könnte, auch solchen, die in fremder Erde ruhen: Schließen Sie in Ihr Nachdenken an diesem Ort auch den benachbarten sowjetischen Soldatenfriedhof ein. 449 Gefallene aus den Tagen der Schlacht um Berlin im Frühjahr 1945 sind dort bestattet worden. Es hätten auch deutsche Soldaten ihr Grab dort finden können – der Toten gab es überviel in jenen Tagen.

Zu guter Letzt gehen wir ein Stück Weges zurück, dann die Straße der Freiheit hinauf zum **Miersdorfer Friedhof**. Hinter der straßenseitigen Umfassungsmauer ruhen die letzten Hankels von der Ablage: Auguste, die 1896 als erste starb; August, 1906 begraben; Ernst, der Sohn und letzte Hankel-Fischer, Martha, seine Frau und deren Kinder Charlotte, Fritz und Dora. Eine Gedenktafel erinnert an den 1918 im Felde gebliebenen Bernhard. Kein Spruch ziert das Grabmal – die Namen sprechen für sich.

Die Straße der Freiheit und der Westkorso leiten uns wieder hinunter in die Dahme-Niederung. Vielleicht möchten Sie noch eine der nahen Gaststätten besuchen: das vornehme „Seehotel", Fontaneallee 28, oder die „Slovenska Koliba", ein gut geführtes Nationalitäten-Restaurant auf halbem Wege dorthin. Oder das „Haus Rheinau" schräg gegenüber, in dem Hans Scholz in den 60er Jahren den Hankel-Krug glaubte gefunden zu haben. Sollten Sie es aber eilig haben und so schnell wie möglich zurück zu unserem Ausgangspunkt gelangen wollen, so nehmen Sie nach Überqueren der Gleise am besten links die Hochwaldstraße. Wo diese am Ende nach rechts abbiegt, setzen Sie Ihren Weg in gerader Richtung durch den lichten Mischwald fort. Durchqueren Sie auf dem Schlängelpfad das „Miersdorfer Heidchen". Vom Waldrand aus erblicken Sie dann schon den Bahnhof Zeuthen, und werden sich im stillen sagen: Ja, d e r Rundgang hat sich gelohnt!

Urkunden aus dem Nachlaß der Fischerfamilie Hankel

Die Urkunden verwahrt Frau Gisela Tosch, 15738 Zeuthen, Seestraße 70; die Übertragung verantwortet der Autor.

Schreibweise und Zeichensetzung der übertragenen Texte halten sich weitestgehend an das Original. Wo offenkundige Versehen oder Schreibfehler den Sinn eines Textes verundeutlichen oder sein Verständnis erschweren, wurden sie berichtigt. Alle in den Urkunden nicht enthaltenen Zusätze stehen in (( )). Veraltete Zeichen für Maße und Münzen wurden durch volle Bezeichnungen ersetzt. Von amtlichen Siegeln und Stempeln ist nur die Wortprägung wiedergegeben, soweit sie sich erkennen ließ. Auf die Beschreibung von Wappen u. a. Gestaltungselementen wurde verzichtet.

Urkunde Ludwig Hankel, 1781, Erbverschreibung

((Gebührensiegel:))
Vier Gute Groschen

((Königliches Amtssiegel))
Friedrich II.

Nachdem bei des Printzen von Preußen Königl. Hoheit Cammer die Printzl. Amts Gerichte zu Waltersdorff, die für den Colonist und Schneider Ludewig Hanckel ausgefertigte Erbzins Verschreibung über die demselben erblich überlaßene ohnweit dem Dorfe Miersdorff an der Spree erbaute Colonisten Wohnung samt dabei befindlichen Hofs und Garthen, und dazu gelegten Fleck Kiehnwachs ((Kiefernwald)) eingereichet, und um derselben Confirmation gebührend angesuchet, haben wir auf diesem petito zu deferiren nichts bedenkliches gefunden; also confirmiren und bestätigen wir angeregte Erbzins Verschreibung hiermit in allen ihren Puncten und Clausula dergestallt, daß wenn der Hanckel allen demjenigen, was darin Stipuliret und von ihm zugesaget worden, treulich nachkommen, und er sich überhaupt, als es einem treuen und gehorsamen Unterthan eignet und gebühret, verhalten wird, derselbe mit seinen Erben und Nachkommen bei dem erb- und eigenthümlichen Besitz dieser Wohnung samt Zubehör prasitio pratensis ((?)), jederzeit rechtlicher Art nach geschützet und gehandhabet werden soll. Signatum Wusterhausen den 9.en Septbr. 1781.

Großes Siegel „Des Printzen von Preußen
Königl. Hoheit Cammer 1769"

Des Printzen von Preußen Königl. Hoheit Cammer

Coppius Moers Schmidt

Confirmatio
der Erbverschreibung für den Colonist und Schneider Ludewig Hanckel über die ohnweit dem Dorfe Miersdorff erbaute Colonisten Wohnung samt Zubehör

((3 – S. 2 unbeschrieben))

Nachdem Se. Königl. Mayestaet von Preußen, Unser allergnädigster Herr, zum Etablissement einer nahmhaften Anzahl ausländischer Büdner und Spinner Familien auf dem glatten Lande und bey den Städten in der Churmark, die dazu erforderlichen Bau Kosten aus höchst ders. Cahse allerhuldreichst ((haben)) anweisen laßen, und dergleichen Familien Etablissement auch in dem hiesigen Amte und zwar bey dem Dorfe Miersdorff zustande gebracht, wovon dem Schneider Ludwig Hanckel aus Oderin gebürtig die neu erbaute Büdner Wohnung neben dem Fischer Hause cum pertinentus, als zum Haus u. Hof und Garthen einen Fleck von 22 $^{1}/_{2}$ Ruthen in der Länge und 15 Ruthen in der Breite, also 1 Morgen 157 Quadratruthen, zur Wiese aber einen Fleck von der Wiese, welche zur Meyerey Radeland gehöret und auf das ((dem)) Ziethensche((n)) belegen ((gelegen)) ist, von 1 Morgen 36 Quadratruthen, auf Erbzinß überlassen und übergeben worden. Es wird demselben gegenwärtige Erbverschreibung darüber ertheilet.

1.)

Es erhält nehmlich gedachter Schneider Hanckel für sich und seine Erben vorgedachte Büdner Wohnung, samt Zubehör und Garthen, und
((4))
Wiesewachß ((Wiese)) auf Se. Mayestaeth Kosten fertig erbaut erb und eigenthümlich dergestalt und also, daß er diese Wohnung samt Zubehör nach seinem Willen nutzen und bewirtschaften und diese

Grundstücke als sein Eigenthum nach Erbzinßrecht verkaufen, vererben oder sonst ergleicher Art an andere überlassen könne, und möge. Es muß aber dieser Verkauf oder diese Veräußerung an einen Ausländer, welcher in den Königl. Preuß. Landen noch kein eigenes Feuer und Bord gehabt, geschehen, und muß der Käufer den Gerichten vorgestellt werden, damit selbige den Verkauf gehörig untersuchen und befundenen Umständen nach bestäthigen können. Bey einem dringlichen Verkauf muß Ein Thaler, als ein Laudemium in recognitionem domini directi an das hiesige Amt zur Berechnung bezahlet werden und stehet dem Käufer und Verkäufer frey, sich darüber, wer diesen Thaler bezahlen soll, zu vergleichen.

2.)

Wird dem Schneider Hanckel und einem jedesmaligen Besitzer dieser Büdner Wohnung erlaubt

Eine Kuh
Ein Kalb und
Ein Schwein

Mägde frey aufer die Gemeinde Huthe zu

((5))

jagen, jedoch muß das gewöhnliche Hütherlohn so aber jährlich vom Rindvieh pro Stück nicht 12 Gute Groschen übersteigen muß, bezahlet werden, Schaafe aber werden ihm zu halten nicht erlaubt, so sind auch Hüner und Gänse ausgeschloßen, es wäre denn, daß er sich dieser letzteren wegen, mit dem Amte vergleichen könte.

3.)

Das Bier und den Brandtewein, so denselben in seiner Wirthschaft gebrauchet, muß er aus der hiesigen Amts Brauerey nehmen.

4.)

Ist derselbe schuldig, die ihm in vollig fertigen Stande übergebene Büdner Wohnung auf seine Kosten in Baulichen Würden zu unterhalten, und es wird ihm dazu kein freyes Bauhholtz, auch nicht zur Umzäumung des ihm eingeräumten Gartens, außer was zu diesem jetzt nöthig ist, in der Folge gegeben. Und da diese Wohnung auf 100 Reichsthaler hoch bei der Landfeuer Societaet eingetragen werden soll, so muß er, sobald dieses geschehen, das darauf ausgeschriebene Feuer Cahsen Geld aus seinen Mitteln bezahlen.

((6))

5.)

Das benöthigte Raff und Lese Holtz kan er sich wann solches vorhanden aus den hiesigen Amts Forsten, jedoch nicht anders als mit Vorwißen des dazu bestellten forstbeamten holen.

6.)

Stehet derselbe sowohl in Criminalibus als Civilibus unter der Amtsjurisdiction.

7.)

Und da sich der Hanckel zur Lutherischen Confession bekennet, so muß er sich auch zur Miersdorffschen Kirche halten und dem dazu bestellten Prediger und dem Küster, das was sonst Büdner zu geben pflegen, auch erdenklich und gutwillig abtragen.

8.)

Für diese Büdner Wohnung samt dazu gelegten Garten und Wiese bezahlet der Schneider Ludwig Hanckel nach abgelaufenen drey frey Jahren alljährlich und zwar von Trinitatii 1784 an, Drey Thaler Acht Groschen, Erbzinß in

((7))

brandenburgschen Cour. nach jetzigen Valeur, an das hiesige Amt. Außerdem gibt er jährlich einen Scheffel Kiehn Äpfel oder dafür 4 Gute Groschen baar Geld, ferner liefert er alle Jahr 6 Schock Sperlingsköpfe oder gibt für jeden nicht gelieferten Kopf 3 Pfennige.

9.)

Da nun diese Büdner Wohnung nebst Garthen und Wiese dem Schneider Ludwig Hanckel bereits übergeben worden, so entrichtet derselbe auch die hierin festgesetzten Abgaben, nach Verlauf der ihm bewilligten drey frey Jahre, nehmlich auf Trinitatii 1785 zum erstenmahle. Sollte er aber den Zinß und die übrigen Abgaben binnen Jahr und Tag nicht abgeführt haben, so muß er sich gefallen laßen, daß er ohne weiteres Verhör heraus geworfen, und daß die Wohnung mit einem andern Wirth oder Ausländer oder ausrangirten Soldaten besetzet werden ((wird)).

10.)

So wir nun übrigens weder diesen Erbzinß der Drey Thaler Acht Groschen noch die übrigen oben erwähnten

((8))

Abgaben jemahls erhöhet ((erhöhen)) werden noch dem Hanckel oder einem andern künftigen Besitzer andere Lasten oder Abgaben als in dieser Erbverschreibung enthalten, die Einquarthierung bey Märschen der Regimenter, wenn solche vorkommen solten, ausgenomen, abgefordert ((abfordern)) werden, so verspricht auch dagegen der Schneider Hanckel wie er bereits besage Protocoll vom heutigen Dato gethan, den erwähnten Verbindlichkeiten überall ein völliges Genüge zu leisten und solchergestalt die Büdner Wohnung sowohl als den Garthen und die Wiese in volkomenen guten Stande zu setzen und darin zu erhalten, auch sich überhaupt als ein gehorsamer Unterthan, fleißiger und guter Hauswirth zu betragen; wiedrigenfalls und wenn er seiner Seits die Erbverschreibung nicht erfüllet, auch das Recht was ihm aus derselben zustehet, sogleich verfällt.

((9))

Urkundlich ist diese Erbzinß Verschreibung in forma probanti ausgefertiget, von des Printzen von Preußen Königl. Hoheit Hochlöbl. Cammer gnädigst confirmiret und dem Schneider Ludwig Hanckel zu seiner Nachricht und Achtung originaliter zugestellet worden.

24 ten August 1781.

Printzl. Preuß. Amts Gerichte

((Siegellackprägung stark beschädigt, nicht mehr eindeutig identifizierbar))

Müller Udemann ((?))

Ludewig Hanckel
((das c in der Unterschrift undeutlich))

Erbzinß=Verschreibung
Ueber eine an den Schneider Ludwig Hanckel erblich übergebene auf Sr. Königl. Mayestaet Kosten bey dem Dorfe Miersdorff Printzl. Amte Waltersdorff erbaute Büdner Wohnung samt Pertinentzien

Urkunde Friedrich Hankel, 1789

Hankelsche Erbverschreibung

Fischer Friedrich Hankel
zu Miersdorf
Amts Waltersdorf.

ad 6878/46

((Gebührensiegel:))	((Königl. Amtssiegel:))
Sechs G. Groschen	F
	W

Nachdem bei der hiesigen Königlichen Domainen Cammer der Soldat und zeitherige Waltersdorffsche Amts Fischer Friedrich Hanckel vorgestellet und gebeten, daß ihm das bisher als Deputant bewohnte bei Miersdorff an der Spree belegene vor einigen Jahren auf Herrschaftliche Kosten erbauete Fischer Haus woringe zugleich der Bier und Brandtwein Schank vom Amte Waltersdorff, mit exerciret wird, nebst den dahinter belegenen Garten und der dabei von ihm bisher genutzten Wiese, ingleichen die dem Amte in der Spree zustehende Fischerei in Erbpacht überlaßen werden mögte, wofür er nicht nur ein Erbstandsgeld von 50 Taler bezahlen, sondern auch eine jährliche Erb Pacht und zwar für das Haus und die dabei befindliche((n)) vorgedachte((n)) Pertinentien von 7 Taler für die Spree Fischerei aber 5 Taler mithin zusammen 12 Taler an das Amt Waltersdorf entrichten, auch die ihm vorgelegte((n)) Conditionen unter denen von ihm sich ausgebetenen Einschränkungen erfüllen zu wollen, und ihm auf deshalb höheren Orts geschehene Gerichts Erstattung in denen darauf eingegangenen resolutionen solches genehmiget worden; als((o)) ist mit demselben nachstehender Erb Pacht Contract unter folgenden Conditionen abgeredet und geschloßen ((worden)) nehmlich

Es wird dem Erbzinsmann Friedrich Hanckel das von ihm bisher bewohnte an der Spree ohnweit Miersdorff auf Herrschaftliche Kosten erbauete Herrschaftliche Fischer Haus in dem gegenwärtigen Zustande nebst dem dabei befindlichen mit Obstbäumen versehenen Garten von 2Mg. 156 Quadratruthen groß ingleichen der von ihm als Bewohner des Hauses bisher benutzten 4Mg. 5 Quadratru-

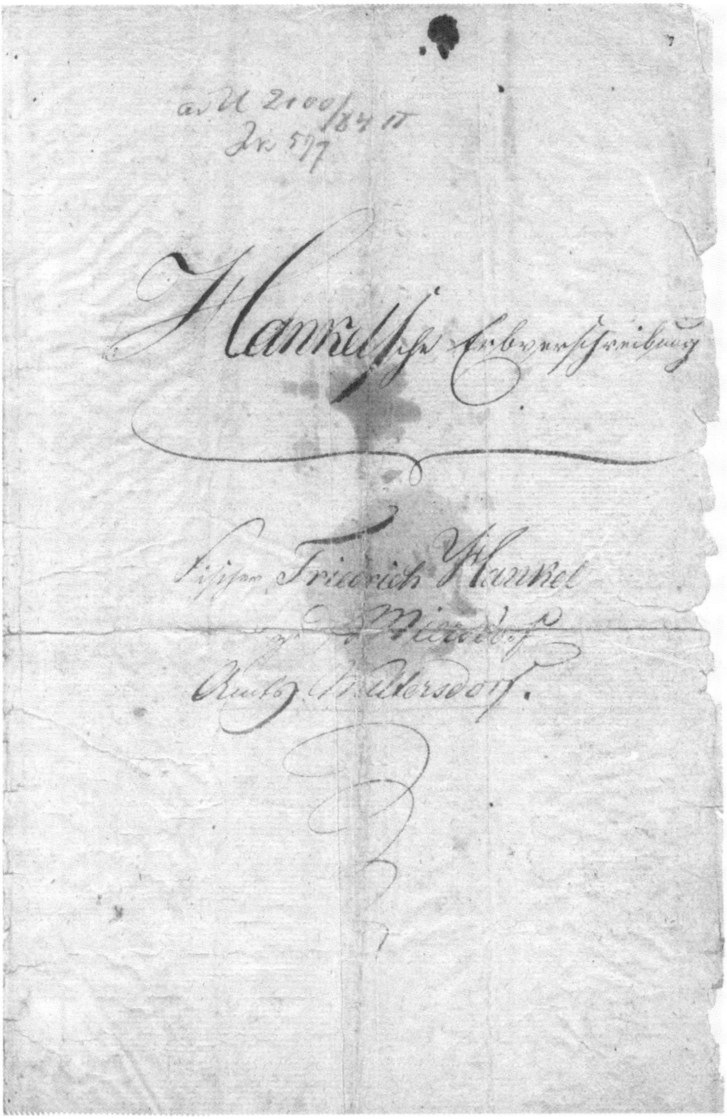

Erbverschreibung für den Fischer Friedrich Hankel vom 3. Juli 1789, erste und zweite, vorletzte und letzte Seite des 8seitigen Dokuments. Auf der vorletzten Seite unten rechts – Friedrich Hankels Unterschrift

Nachdem bei der hiesigen Königlichen Domainen
Cammer der jetzt zeitherige Waltersdorfsche Amts-
schulze Friedrich Hanckel vorgestellet, und habe den
... ... bisher als Pupillar ... bey Mierdorff
... Jahre belegen
...
...
...
...
... der Creditoren ... Amts Waltersdorff, ...
...
...
Amts zu Schein ...
...
... ...
...
... Ordinancien von
... Ruff die Amt Wal-
tersdorff Lage Conditiones
...
...
...
... Resolutionen
... Contract
unter folgenden Conditionibus abgeredet ...
...
... ... Friedrich Hanckel ...
... Mierdorff ...
...
...
... Cammer 2 rh 150 ...
... Creditoren ...
...
... Waltersdorff
...
...
...

Urkundlich ist diese Erb Verschreibung von der Königlichen Domainen Cammer allhier vollzogen und mit dem größern Cammer Insiegel bedrucket auch von dem Erb. Käufer Hanckel mit unterschrieben worden. Geschehen Wusterhausen den 3ten Julius 1789.

Königl. Preuß. ... Domainen Cammer allhier

Erb Verschreibung

Ueber das dem Soldat und Fischer Friedrich Hanckel erblich überlassene an der Spree bei Mierdorff erbaute herrschaftl. Fischer Haus samt dazu gehörigen Pertinentien, inclusive der Fischerei in der Spree

GROSCHEN

then enthaltenden Wiese nicht weniger die dem Amte Waltersdorff in der Spree zustehende Fischerei soweit derselbe solche bisher zu exerciren berechtigt gewesen unter nachstehende((n)) Bedingungen in eine ständige Erbpacht überlaßen als 1.

((Ende Bl. 2/Vorderseite))

1.

Muß derselbe das Haus zu allen Zeiten auf seine Kosten in baulichen Würden und die Geheege in gehörigen Stande erhalten, und das dazu nötige Holtz aus eigenen Mitteln abkaufen welches ihm jedoch aus den Herrschaftlich Wusterhausischen Forsten nach der jedesmaligen Forst Taxo ((?)) überlaßen werden soll, demnächst

2.

Die Krug Wirtschaft so wie bisher von ihm geschehen auch ferner mit betreiben, zu dem Ende alles Bier und Brandtewein welches ihm ins Haus geliefert wird, vom Amte Waltersdorff nehmen, das Getränke bei Vermeidung nachdrücklicher Strafe und Verlust des Schanks nicht vertauschen, sondern solches so wie es empfangen an die Consumenten wieder überlaßen und damit man wißen kann, ob auch solches geschehe, sich der deshalb

((Zeile durch Faltung und Verschleiß unleserlich))

und soll ihm für seine des Schanks wegen habende Comissens ((?)) die gewöhnliche 20te Tonne Bier und vom Brandtwein das 20te Quart ohnentgeldlich gelaßen werden.
Solten inzwischen Umstände es notwendig machen, das diese Krug Wirtschaft aufgehoben werden müßte wo eigentlich als ein wesentliches Stück der Erbpacht nicht anzusehen ist, weil er dafür vorgedachte vom Amt Waltersdorff ihm zu reichende Vergütung erhält, so fällt zwar die Schank Tonne und das Schank Quart, wie es sich schon von selbst verstehet, mit weg, aber von dem gehabten Erb Pachts Locatio ist der Erbzinsmann etwas abzuziehen nicht befugt, sondern er muß dasselbe nach wie vor an das Amt Waltersdorff entrichten. Und da er

3.

Die Fischerei in der Spree soweit solche das Amt bisher

((Ende Bl. 2/Rückseite))

bisher zu betreiben berechtiget gewesen, in Erb Pacht mit erhält, so muß er solche der Fischer Ordnung gemäß exerciren, zu dem Ende

sich keiner andern als der darin vorgeschriebenen Netze bedienen auf die gehörige Laich Zeit halten und solche bei Vermeidung der in gedachter Fischer Ordnung darauf gesetzten Strafe nie überschreiten. Demnächst dem Amte Waltersdorff den nötigen Bedarf an Fischen vorzüglich zu einem billigen Preis und zwar die Speise Fische nach der Hand, die übrigen aber als Karpfen, Bleie, Zander, wenn er dergleichen fangen solte, ingleichen große Hechte und Barse nicht höher als 3 Silbergroschen das Pfund verkaufen, auch bei Vermeidung ((von)) 5 Taler Strafe keine Fische eher nach Berlin zum Verkauf bringen oder an Aufkäufer überlaßen bevor nicht auf geschehene Anfrage das Amt solches gestattet hat, allermaßen diesem der Verkauf hiermit expres((siv))e ((?)) reserviret wird und demselben frei bleibt, sowie des Erbpächters Fischbehälter bei habenden Verdacht, daß er mit den Fischen zurückhalte, jedesmal zu visitiren, als welcher Visitation er sich willig unterwerfen überhaupt aber seinem Versprechen gemäs es mit dem jedesmaligen Beamten beim Verkauf der Fische nicht ((?)) auf das genaueste nehmen muß.
Und obwohl auch unter der Spree Fischerei die Wehr Fischerei mit begriffen ist und also ihm, Hanckel auch zustehet diese mit zu exerciren; so ist er doch auch schuldig wenn er diese betreiben will, das alte in der Spree vorhandene zerfallene Wehr auf seine Kosten wieder herzustellen und das dazu erforderliche Holtz aus eigenen Mitteln einzukaufen.

4.

Wird dem Erbzinsmann Hanckel zwar freigelaßen das

((Ende Bl. 3/Vorderseite))

das ihm erblich überlaßene Haus samt Zubehör an andere jedoch mit jedesmaligen Amts Consens wieder zu veräußern, auf den Fall aber daß ein künftiger Besitzer sich mit der Fischerei gar nicht befaßen oder solche doch dergestalt selbst betreiben solte, daß die ad 3. gemachten Bedingungen nicht erfület werden könnten; so wird dem Amte Waltersdorff hiermit vorbehalten die Fischerei zurück zu nehmen, solche selbst

((Wortteile durch Siegelspuren unleserlich))

weiter betreiben zu laßen und dazu die ... Einrichtung zu ..., wofür denn auch... es sich von Selbst verstehet, die dafür gelobten 5 Taler jährliche Erb Pacht von dem Erb Zinsmanne nicht ((?)) erlaßen würden, jedoch wird bei einer jedesmaligen Veränderung der Erb Pachts

Stücke hiermit expreise ((? für expressive?)) ausbedungen, daß ein Laudemium von 2 Taler für jedes Hundert in recognitionem Domi-nii directi an das Amt Waltersdorff bezahlet werde, worüber sich dann beide Theile wer solchen erlegen solle zu vergleichen haben. Für diese vorstehendermaßen dem Erbzinsmann Hanckel überlaß-nen Erb Pachts Stücke nun hat

5.

Derselbe versprochen und zugesaget, nicht nur ein Erbstands Geld von = 50 Taler zu bezahlen, welche er auch bereits unterm 17. Febr. c. baar berichtiget und darüber Quittung erhalten hat, sondern auch alljährlich an das Amt Waltersdorff

a) für das Haus und Pertinentien		7 Taler
b) für die Fischerei in der Spree		5 Taler
in Summa also	=	12 Taler

sage Zwölf Thaler ((Münzbezeichnung unleserlich)) und zwar quar-taliter mit = 3 Taler zu entrichten, und nie damit in Zeit zu bleiben, auf den Fall aber daß dieses dennoch geschehen und von ihm keine Bezahlung zu erhalten stehen solte, bleibet dem Amte frei, die Erb Pachts Stücke anschlagen zu laßen und öffentlich zu

((Ende Bl. 3/Rückseite))

zu verkaufen und sich daraus Noth- und schadlos zu halten.
Dann nun der Erb Zinsmann Hanckel.

6.

allen demjenigen, was in diesem Contract vorstehendermaßen abge-handelt und ((ge))schloßen worden, als weshalb er allen demselben ((Wort- und Satzteile wegen Siegelspuren unleserlich)) zuwieder laufenden Ausflüchten und Rechtsbehelfen ... in gene quam in Spe-cie als der Ausflucht, des ... Betruges, listiger Überredung, der ((Nichtbe))folgung im vorigen Stande nicht recht verstanden((er)) oder anders verabredet als niedergeschriebener Sache((n)) sich aus-drücklich begeben, treulich nachkommen, insonderheit aber die Gebäude und das zur Spree Fischerei gehörige Wehr in baulichen Würden unterhalten und die gelobte Erb Pacht zur gesetzten Zeit prom((p))t abführen überhaupt aber als es einem treuen Erbzinsmann eignet und gebüret sich aufführen und verhalten auch dem Amte Waltersdorff als seiner ihm vorgesetzten Obrigkeit den schuldigen Gehorsam leisten wird; so soll derselbe nebst seinen Erben und Nach-kommen bei dieser ihm verschriebenen Erb Pacht jederzeit rechtlicher Art nach geschützet und gehandhabet, ihm auch nachgelaßen werden, sich des ihm von dem verstorbenen Amts Rath Müller in dem Vorwercks Kirchen Stuhle zu Miersdorff angewiesenen Sitzes, solange er Eigenthümer des ihm erblich überlaßenen Hauses sein wird, zu bedienen, ingleichen soll er die Freiheit haben und bei dem Hause beständig verbleiben

Eine Kuh und
Ein Stück Jung Vieh

auf der Herrschaftlichen Vorwercks Weide zu Miersdorff frei mit treiben zu dürfen, wofür er aber das gewöhnliche Hüter Lohn jedesmal entrichten muß. Ur-

((Ende Bl. 4/Vorderseite))

Urkundlich ist diese Erbverschreibung von der Königlichen Domainen Cammer allhier vollenzogen und mit dem größern Cammer Insiegel bedrucket und von dem Erb Pächter Hanckel mit unterschrieben worden; So geschehen Wusterhausen den 3ten Julius 1789.

((Siegelreste))

Königl. Preuß. Domainen Cammer alhier
Coppius Schmidt Mierendorf ((?))

Erbverschreibung
über das dem Soldat und Fischer
Friedrich Hanckel erblich überlaßene
an der Spree bei Miersdorff erbauete
Herrschaftl. Fischer Haus samt dazu
gelegten Pertinentien, ingleichen
der Fischerei in der Spree

F. Hankel ((?))

((Unterschrift F. Hankels in der äußersten unteren rechten Ecke))
((Ende Bl. 4/Rückseite))

Urkunde Friedrich Hankel, 1796, (Zusatz zur Erbverschreibung)

((Gebührensiegel:)) ((Königl. Amtssiegel:))
Sechs G. Groschen F
W

Nachdem bey der Königl. Wusterhausenschen Domainen Kammer der Eigentümer und Fischer Friedrich Hankel bey Miersdorff an der Spree angesucht, daß ihm zu seinen Grundstücken, ein neben seinem ((Gar))ten belegener Fleck wüstes Forstland von einigen Morgen gegen einen ((Wort fehlt)) von 8 Silbergroschen per Morgen, auch noch bey gelegt und erblich mit überlaßen werden mögte und dem auf hiervon höhren Orts erstatteten Bericht solches mittelst Solution vom 4ten October. 1795 genehmigt, und dabey verordnet worden, dem Impetranten diesen Fleck gehörig zumeßen zu laßen, welches auch nunmehr durch den Condukteur Licht geschehen und von demselben mittelst Berichts vom 3ten Maj. angezeigt ist, daß dieser ihm beygelegte Fleck Drey Morgen enthalte; als((o)) wird dem Fischer Friedrich Hankel, dieses Forstland von 3 Morgen groß zur Nuzzung eines Gartens hiermit dergestalt übereignet, daß er wenn er den hierfür gelobten Zinß von

Einem Thaler

von Michaelis 1796 an alljährlich an das Amt Waltersdorff prom((p))t, und richtig abführen, auch darauf, daß sowie möglich, von dem auf die dortige Ablage kommenden Holze, oder aus dem bey seinem Hause herum belegenen Reviere, ((kein)) Holz entwendet werde, Achtung geben wird, derselbe bey dem erblichen ((Zeilenende abgerissen)) dieses Forstlandes so wie bey seinen übrigen Besitzungen gleich rechtlicher Art nach geschützt und gehandhabt werden soll, jedoch darf er solches so wenig wie die übrigen Grundstücke, mit welchen nunmehr diese 3 Morgen Land combiniert bleiben, ohne Amts Conzession veräußern. Signatum Wusterhausen den 19ten Februar 1796.

((Siegelreste))

Königl. Preu omainen Kammer
Coppius Schmidt Hartwig

Versicherung
welche der Erbverschreibung
des Eigentümers und Fischers
Friedrich Hankel zu annectiren ist.

((In äußerster unterer Ecke – Reste der Unterschrift F. Hankels))

Urkunde Friedrich und Wilhelm Hankel, 1809, Besitzübertragung

((Gebührensiegel:))
AchtGuteGroschen

((Königliches Amtssiegel))
Fr. Wilhelm III.

Kund und zu wissen sei's hiermit jedermänniglich: Demnach von dem Königl. Preußischen Justizamte Waltersdorff am achten Junius d. J. zwischen nachbenannten Contrahenten nachfolgender Verkaufs- und Kaufcontract, welcher von Wort zu Wort ((durch Siegelspuren verwischt)) also lautet:

Actum Amt Waltersdorff den 8.ten Juny 1809.
Es erschienen dem Gerichte von Person bekannt, und Dispositionsfähig in Person.

1, der Eigenthümer und Fischer Friedrich Hanckel, und
2, deßen 21.jähriger Sohn, der Fischer Wilhelm Hanckel, im Beistande des ihm zu diesen Geschäft von Amtswegen zugeordneten und sofort vorschriftsmäßig verpflichteten

((2))

verpflichteten Curators des hiesigen Mühlenmeisters Christian Friedrich Schenck, und gaben folgenden miteinander errichteten Kauf= und Verkaufs=Contract freiwillig und wohlüberlegt zu Protocoll.

§. 1.

Es verkauft und übereignet der Eigenthümer und Fischer Friedrich Hankel ((die Schreibweise des Namens Hankel in dieser und in anderen Urkunden ist nicht einheitlich; der Name wurde anfangs vorwiegend mit, aber auch ohne ck, später häufiger, schließlich nur noch mit k geschrieben)) das ihm eigenthümlich zugehörige an der Spree bei Miersdorff gelegene Fischerhaus sammt dazu gelegten Garten, Wiesen, sämmtliche Fischerey Geräthschaften, nebst allen übrigen Zubehörungen, mit den Rechten und Lasten, und in den Grenzen und Räumen, wie er den Besitz derselben mittelst Erbverschreibung der Domäinen Kammer zu Wuster-

((3))

Wusterhausen v. 3.ten July 1789, und vom 19.ten Februar 1796 überkommen hat, an seinen gegenwärtigen Sohn Wilhelm Hanckel, welcher auf dieses Grundstück vom Regiment Manheim mittelst Abschiedes de dato Berlin den 26.ten September 1805, der von ihm hiermit ad acta gegeben wird, schon längst verabschiedet worden ist, und zwar

§. 2.

für das mit denselben verabredete Kauf pretium von 300 Reichsthalern, schreibe Dreyhundert Reichstalern Courant, welches vom Käufer zu jeder Zeit, nach einer vorangegangenen dreymonatlichen Aufkündigung gezahlt werden muß, jedoch nicht verzinset, auch nicht in das Hypothekenbuch eingetragen werden soll.

((4))

§. 3.

Verkäufer willigt ausdrücklich in die Umschreibung des Besitztitels auf den Namen des Käufers, und da der Besitztitel für ihn selbst im Hypothekenbuch noch nicht eingetragen ist, so verpflichtet er sich, dafür gehörig zu sorgen, verspricht auch seinen Käufer, wegen aller von jemanden an das verkaufte Grundstück zu machenden Ansprüche die gesetzliche Gewährleistung.

§. 4.

Da Verkäufer sich von dem verkauften Grundstücke hiermit auf seine Lebenszeit den, in das Hypothekenbuch jedoch nicht einzutragenden Nießbrauch vorbehält, so soll ((5)) die Natur=Uibergabe, dieses Grundstücks an den Käufer, erst alsdann erfolgen, wenn Verkäufer solche für nothwendig erachten wird.

§. 5.

Sämmtliche Kosten für Aufnahme und Bestäthigung dieses Kauf=Contracts, so wie der Umschreibung des Besitztitels auf den Namen des Käufers, übernimmt Verkäufer allein zu berichtigen.

§. 6.

Beide Teile bitten, diesen Contract zu seiner Zeit zu bestäthigen, und den Besitztitel auf den Namen des Käufers umzuschreiben, auch den Contract für einen jeden von ihnen ausfertigen zu laßen.

((6))

Verkäufer übergibt noch seine obgenannten Besitzdocumente, und der Curator Schenck declarirte folgendes. Er halte dies Kaufgeschäft für seinen Curanden für sehr vorteilhaft, besonders wegen des so billig bestimmten Kaufpreises, und trete in allen Stüken diesen Kauf=Contract bey.
Ein Mehreres hatten Contrahenten nicht anzuführen, sie entsagten allen, dieser Verhandlung zuwiderlaufenden Einwendungen und haben sich hiermit nach vorhergängiger wörtlicher und deutlicher Vorlesung zum Zeichen der Genehmigung eigenhändig unterschrieben.

Friedrich Hanckel
Wilhelm Hanckel
Johann Friedrich Schenck

Radecke ((unleserlich))

Zur Gerichts=Obrigkeitlichen Ausfertigung vorgetragen worden, so ist gegenwärtiger Contract zur Mehrern Urkund unter des Justiz Amts Innsiegels Vordruck und Unterschrift für den Käufer Wilhelm Hanckel zu seiner Legitimation ausgefertigt worden.

((7))

So geschehen zu Koenigs Wusterhausen den vierten September Eintausend achthundert und neun.

((Klebesiegel.)) „Königl. Preußisches AmtWaltersdorff“

Königl. Preuß. Justiz=Amt Waltersdorff
((zwei unleserliche Unterschriften))

Ausfertigung des zwischen dem Collonisten Friedrich Hanckel und seinem Sohn Wilhelm Hanckel über des ersten Collonisten Grundstücks errichteten Kaufcontracts

Urkunde Wilhelm und Ludwig Hankel, 1826, Erweiterung der Erbpacht

S. 1

Zu wißen sey hiermit, daß zwischen der Königl. Regierung zu Potsdam Abtheilung für die Verwaltung der direkten Steuern, Domainen und Forsten einerseits und den Colonisten Wilhelm und Ludwig Hankel bei Koenigs Wusterhausen andererseits nachstehender Erbpacht=Contract auf dem Grund der in beglaubigter Abschrift beigehefteten genehmigenden ((durch Verschreiben nicht eindeutig lesbar)) Verfügung des Königl. Finanz=Ministeriums vom 5. Januar d. J., mit Vorbehalt der Genehmigung Sr. Königl. Hoheit des Prinzen August, verabredet und geschloßen worden ist.

§. 1.

Die Königl. Regierung zu Potsdam überläßt und übergiebt, mit Bezug auf das Königl. Hausgesetz vom 6. November 1809, den Kolonisten Wilhelm und Ludwig Hankel, einen zum Miersdorffschen Heydchen der Wusterhausenschen Forst gehörigen Fleck, welcher nach der von dem Conducteur Tietz bewirkten Vermeßung drey Morgen 43 Quadratruthen enthäld, und zwar

a) dem Wilhelm Hankel die, auf dem beigehefteten Plan mit B bezeichneten ...2 Morgen 156 Quadratruthen und
b) dem Ludwig Hankel, die auf diesem Plan mit A bezeichneten 67 Quadratruthen ...

((Randvermerke auf S. 1))

((1) Die Vererbpachtung dieser Parzele ist im Hypothekenbuche des Kammergerichts Teltow Storkowschen Kreises Vol: III. pag. 719. bei der Herrschaft Wusterhausen in decreto de hodierer vermerkt worden. Berlin, den 6. September 1827. Toerne, Impreßator

((2)) Der Besitztitel ist für den Kolonisten Michael Hankel ((offenbar eine Namensverwechslung mit Wilhelm)) hinsichts deßen Antheil von Zwei Morgen Einhundert Sechs und Fünfzig Quadrat Ruthen, und für den Kolonisten Ludwig Hankel hinsichts deßen Antheils von Sieben und Sechzig Quadrat Ruthen in das Hypothekenbuch des Kammergerichts Teltow Storkowschen Kreises Vol: VI. pag. 491. zufolge Dekrets vom heutigen Tage laut beigehefteter Rekognition eingetragen worden. Berlin, den 6. September 1827.

Toerne, Impreßator

((3)) Der Büdner Wilhelm Hankel hat mittelst und in copia vidimata beigefügten Kontrakts vom 26. Mai 1840. auch den dem Ludwig Hankel zugehörigen Antheil an dem Erbpachtgrundstück mit 67 Quadratruthen erworben, und es ist titulus poßeßionis für ihn im Hypothekenbuche von Miersdorf Vol: II. No. 29. pag: 89. berichtigt ad decr. v. 27. März 1841 laut innertierter Rekognition.

Krüger, Impreßator

S. 2

jedoch ohne Gewährleistung wegen eines etwaigen Vermeßungsfehlers, oder wegen der Bonität und des Ertrages, vom 1ten Januar 1826 ab erbpachtweise dergestalt, daß selbige das vollständige Nutzungsrecht des Grundstücks mit allen Rechten und Pflichten der Erbpacht erhalten und bei der künftigen Benutzung desselben keine weiteren Beschränkungen stattfinden, als welche aus allgemeinen bereits ergangenen oder noch ergehenden Landesgesetzen herrühren, oder in besonderen Localverhältnissen ihren Grund haben.

§. 2.

Dagegen versprechen die Erbpächter für sich, ihre Erben und Nachkommen im Besitz dieses Erbpacht=Grundstücks, und zwar

1.) der Wilhelm Hankel für die zwei Morgen 156 Quadratruthen
    a.) an jährlicher Canon einen Reichsthalter 17 Silbergroschen 4 Pfennige und
    b.) an jährlicher Grundsteuer 10 Silbergroschen und
2.) der Ludwig Hankel für seine 67 Quadratruthen
    a.) an jährlicher Canon 6 Silbergroschen 5 Pfennige und
    b.) an jährlicher Grundsteuer 1 Silbergroschen
    zusammen Einen Reichsthaler 23 Silbergroschen 9 Pfennige Canon Eilf ((11)) Silbergroschen Grundsteuer

jährlich vom 1ten Januar 1826, in jedesmal caßenmäßigen Silber=

S. 3

Silbergelde pränumerando zu entrichten und den Canon an die Kaße des Amts Waltersdorff, oder an diejenige Caße an welche künftig gewiesen werden möchte, die Grundsteuer aber an die zu deren Erhebung bestimmte Kreis=Kaße, oder jede andere ihnen anzuweisende Kaße, in dem für die Grundsteuer bestimmten Zahlungstermin prompt und unerinnert, bei Vermeidung der zu verhängenden Execution jeder Art kostenfrei abzuführen und einzusenden.

§. 3.

Von Erlegung eines Erbstandsgeldes werden die Erbpächter in Hinsicht der übernommenen Verpflichtung, von den durch den Conducteur Tietz für die Vermeßung und Abpfadung des gerade geleg-ten Weges liquidierten, auf 23 Reichstaler festgesetzten Kosten, und zwar der Wilhelm Hankel Fünf Thaler und der Ludwig Hankel Zwei Thaler, außer den Vermeßungs= und Kartierungs=Kosten, für die ihnen zu vererbpachtenden Parcele zu entrichten, entbunden.

§. 4.

Eine Comißion ((Remission)) an dem Canon oder der Grundsteuer, findet unter

S. 4

unter keiner Bedingung statt, weder bei gewöhnlichen noch außergewöhnlichen Unglücksfällen, weder in Friedens= noch Kriegeszeiten, dagegen soll der Canon niemals einer Erhöhung unterworfen seyn.

§. 5.

Die Erbpächter verpflichten sich, das vererbpachtete Grundstück, soweit dasselbe mit der Forst grenzt, mit einem vorschriftsmäßigen Grenzgraben von 4 Fuß Breite und 3 Fuß Tiefe sofort zu begrenzen und solchen jederzeit auf ihre alleinigen Kosten, zu unterhalten.

§. 6.

Durch die Erwerbung des in Rede stehenden Grundstücks erlangen die Erbpächter weder ein Holzungs= noch Hütungs= noch ein sonstiges Recht, auf die Königl. Forst. Auch bleibt die Ausübung der Jagd jeder Art dem Fiscus ausdrücklich vorbehalten.

§. 7.

Die Erbpächter übernehmen alle auf dem Erbpachtgrundstück

S. 5

((Diese Seite enthält eine Lageskizze))

S. 6

lastende Servituten, sowie alle auf demselben ruhende und künftig darauf fallende allgemeine Landes= Societäts= und Communitäts=Lasten, ohne Entschädigung; und unterwerfen sie dasselbe der Gerichtsbarkeit und Policey-Aufsicht derjenigen Behörde, worunter daßelbe seiner Lage nach gehört.

§. 8.

Ferner übernehmen die Erbpächter die Kosten der Vermeßung, Chartierung, Bonitierung und Uebergabe des Grundstücks, verpflichten sich auch, sowohl den Besitztitel außer dem Erbpachtrechte, als auch den in diesem Contracte §. 2. 5. und 7. übernommenen Verpflichtungen auf ihre Kosten, in das Hypothekenbuch eintragen, auch das Reservat der Jagd nach §. 6. darin vermerken zu laßen.

§. 9.

Beide Theile entsagen allen diesem Contract zuwiderlaufenden Einwendungen und Ausflüchten, wie sie Namen

S. 7

Namen haben mögen, auf das Rechtsbeständigste.

Urkundlich ist dieser Erbpacht=Contract in drei gleichlautenden Exemplaren ausgefertigt, und von beiden Theilen vollzogen worden.

So geschehen, Potsdam, den 21ten July 1826
((Amtssiegel, Beschriftung nicht eindeutig))

Königl. Regierung, Abtheilung für die Verwaltung der directen Steuern, Domainen und Forsten

((drei unleserliche Unterschriften))

Wilhelm Hankel
+++ Zeichen des Ludwig Hankel
Coelius für denselben

Urkunde Wilhelm und Ludwig Hankel, 1826, Genehmigung des Grundherrn

Erbpacht=Contract für die Colonisten Wilhelm und Ludwig Hankel bei Königs Wusterhausen über 3 Morgen 43 Quadratruthen vom Miersdorffschen Heydchen der Wusterhausenschen Forst

III. F. 1360. Maerz

((drei unleserliche Signaturen))

S. 8

Seine Königliche Hoheit der Prinz August von Preußen genehmigen den vorstehenden von der Königlichen hochlöblichen Regierung zu Potsdam mit den Kolonisten Wilhelm und Ludwig Hankel bei Königs Wusterhausen, unter dem 21ten Juli und 27ten Oktober 1826

((Vollzugsurkunde des Königl. Justizamtes Waltersdorf, die wegen voller inhaltlicher Übereinstimmung mit vorstehendem Text nicht mit übertragen wurde)) abgeschloßenen Erbpacht=Kontrakt über resp. 2 Morgen 156 Quadratruthen und 67 Quadratruthen, zusammen 3 Morgen 43 Quadratruthen zum Miersdorffschen Heydchen der Wusterhausenschen Forst gehöriges Forstland. Seine Königliche Hoheit ertheilen diese Genehmigung rücksichtlich Höchstdero Pfandrechts an der Herrschaft Wusterhausen, und unter nachstehenden Vorbehalten und Maasgaben:

1. daß der im 2ten Paragraphen des Kontrakts

S. 9

von dem Wilhelm Hankel übernommene jährlich Kanon von 1 Reichsthaler 17 Silbergroschen 4 Pfennigen und die jährliche Grundsteuer von 10 Silbergroschen innegleichen der von dem Ludwig Hankel übernommene jährliche Kanon von 6 Silbergroschen 5 Pfennigen und die jährliche Grundsteuer von 1 Silbergroschen zusammen also mit 2 Reichsthalern 4 Silbergroschen 9 Pfennigen buchstäblich zwei Reichsthalern vier Silbergroschen neun Pfennigen Höchstdemselben verhaftet bleibt für die Wusterhausensche Rente und die Zinsen der Schlagenthin-Brauchitzdorfschen Kaufgelder, welche Seiner Königlichen Hoheit aus den Rezeßen und Vergleichen vom 27/29ten Mai 1819 zustehen;
2. daß dieses Pfandrecht im Hypothekenbuche bei dem einzutragenden Kanon und Grundsteuer mit vermerkt werde, und
3. daß vier Prozent von den im dritten Kontrakts=Paragraphen von den Erbpächtern statt eines Erbstandsgeldes übernommenen, resp. 5 Reichsthalern und 2 Reichsthalern mit resp. 6 Silbergroschen und 2 Silbergroschen 5 Pfennigen abgeschrieben werden, von der im siebenten Artikel des Wusterhausenschen Rezeßes vorbehaltenen Dispositions=Summe der drei Tausend Thaler.
4. Endlich wollen Seine Königliche Hoheit Sich

S. 10

Sich hierdurch Höchstdero Rechte vorbehalten die im ersten Paragraphen des vorstehenden Erbpachtkontrakts enthal ((die nächsten Silben durch Siegelspuren verdeckt, vermutlich: tene Vereinba))rung, daß die Vererbpachtung ((Siegelspuren, vermutlich: im Sinn))e des Königlichen Hausgesetzes vom 6ten Oktober 1809 geschehen sei, insofern daraus gefolgert werden könnte, daß die Herrschaft Wusterhausen zu den Staats=Domänen gehöre, da solches nicht der Fall ist, vielmehr die besagte Herrschaft im Eingange zu dem Vergleiche vom 27/29ten Mai 1819

als im Familien-Fidei-Kommiß des Königlichen Preußischen Brandenburgischen Hauses ausdrücklich anerkannt worden ist.
Urkundlich unter Höchstdero Unterschrift und beigedrucktem

S. 11

Innsiegel

Berlin den 16ten Dezember 1826

((Siegellack gelöst und seitenverkehrt auf der Gegenseite festgeklebt. Unleserlich.))

a a

August

Gegengezeichnet.

((unleserlich))

Kaufvertrag Wilhelm und Ludwig Hankel, 1840

Copia vidimata
(Orig. 6 Reichstaler Stempel)

Zufolge heutiger Verfügung ist der nachstehende urschriftlich bei den betreffenden Grundarten verbliebene Kaufkontract:

Actum KWusterhausen 26t Mai 1840

Im heutigen Termin zum Abschluß eines Kaufkontracts über die dem Büdner Ludwig Hankel zugehörigen Grundstücke gestellten sich

1.) der Büdner Christian Wilhelm Hankel
2.) der Büdner Ludwig Hankel aus Miersdorff

beide persönlich und als dispositionsfähig dem Richter bekannt. Da der Büdner Ludwig Hankel nur seinen Namen schreiben kann so wurde ihm der Justizactuarius Herr Krüger zugeordnet, um der Aufnahme der Verhandlung mit ihm beizuwohnen und für ihn zu unterschreiben.
Der Büdner Christian Wilhelm Hankel und der Büdner Ludwig Hankel schloßen folgenden Kontract miteinander ab:

§. 1.

Der Büdner Ludwig Hankel verkauft an den Christian Wilhelm Hankel

S. 2

sein an der Spree ((gemeint ist die damals als „Wendische Spree“ bezeichnete Dahme)) gelegenes Wohnhaus nebst Hof, Stallung, Gar-

ten aus 1 Morgen 157 Quadratruthen bestehend, auch seine Wiese, welche in der Ziethenschen Feldmark liegt, sowie 1 Morgen 60 Quadratruthen ehemaliges Forstland, welches durch den Kontract vom 19. October 1812 eigenthümlich erworben ist und die Erbpachtgerechtigkeit an dem Antheil der 3 Morgen 43 Quadratruthen Forstland, welche der Käufer und der Verkäufer besage Erbpachtkontracts vom 21. Juli 1826 vom Fiscus requirirt haben und welcher Antheil des Verkäufers 67 Quadratruthen beträgt.
Der Verkäufer bemerkt hierbei, daß er zur Königl. Forst von seinen Besitzungen mehrere Quadratruthen abgetreten und dafür eine Entschädigung von der Forst erhalten habe, daß jedoch ein schriftlicher Kontract noch nicht abgeschloßen worden sei. Käufer Wilhelm Hankel soll nunmehr auch in alle Rechte und Verpflichtungen des Ludwig Hankel in Rücksicht dieses Tauschgeschäfts treten.

§. 2.

Der Christian Wilhelm Hankel versichert, daß er die Lasten und

S. 3

Abgaben von den erkauften Grundstücken kenne; er übernimmt sie von heut an und beide Theile versichern, daß die Naturalübergabe der Grundstücke an den Käufer erfolgt sei.

§. 3.

Das Kaufgeld ist auf 400 Reichstaler Vierhundert Thaler Court. festgesetzt worden und wird dasselbe wie folgt belegt: Käufer hat von dem Verkäufer resp. 130 Reichsthaler, 70 Reichsthaler, 60 Reichsthaler und 40 Reichsthaler in summa 300 Reichsthaler zu fordern, welche in das ((dem)) Hypothekenbuch eingetragen stehen; die rückständigen Zinsen hiervon betragen 50 Reichsthaler 20 Silbergroschen 9 Pfennige.
Diese Forderungen und Zinsen zieht Käufer von der Kaufsumme ab, er bittet, die Kapitalien und Zinsen im Hypotheken=Buche zu löschen und wird sein Document einreichen. Den Rest der 49 Reichsthaler 9 Silbergroschen 3 Pfennige welcher in das Hypotheken=Buch nicht eingetragen werden soll, muß Käufer dem Verkäufer,

S. 4

sobald letzterer es verlangt zahlen.
Im Hypotheken=Buche befinden sich noch 21 Reichsthaler 17 Silbergroschen 1 $^{1}/_{5}$ Pfennige Vatererbe des Friedrich Hankel aus dem Receß vom 9ten Mai 1798 eingetragen. Dies wurde dem Käufer bekannt gemacht, Verkäufer bittet, diese((n)) Rest, welche((r)) ihm nach dem Tode des Gläubigers zugefallen ist nebst dem Altentheil seiner

Mutter zu löschen, er wird die Todtenscheine beider Personen beibringen.

§. 4.

Außer dem Kaufgelde muß der Käufer an den Verkäufer und dessen Ehefrau Louise geb. Geppert auf die Lebenszeit beider einen Altentheil verabreichen und zwar

a) zur Wohnung die kleine Stube und die dabei befindliche Kammer. Diese Wohnung muß Käufer auch besonders einrichten und vergrößern, auch mit einem besonderen Eingange versehen und es wird die Stube

S. 5

Stube so gelegt, daß sie durch den Ofen der großen Stube ebenfalls geheitzt wird, auch wird ein eigener Kamin in der kleinen Wohnstube eingerichtet.

b) Heitzung, Kuchholz, den Mitgebrauch der Küche, die Benutzung des langen Stalles, des vierten Theils des Hausbodens.

c) Die Nutznießung von einem Fleck Acker, welcher von dem Zaune, welcher die Besitzungen des Käufers von den erkauften Grundstücken trennt ab, in der Breite von 6 Ruthen läuft und dessen Länge sich vom Wohnhause ab bis zum Spreeufer erstreckt. Der über diesen Fleck führende Fußsteig wird vom Käufer und von den Altsitzern gemeinschaftlich genutzt, der bei dem Hause befindliche Holzplatz ebenfalls; die über die erkauften Grundstücke führenden Fußsteige können die Altsitzer zum Gebrauch benutzen.

   Die Bäume, welche auf dem Altsitzeracker stehen, benutzen die Altsitzer allein.

d) Die Altsitzer erhalten folgende Natura-

S. 6

Naturalien jährlich:

Acht Scheffel guten gereinigten Roggen, 16, Sechszehn Scheffel Eßkartoffeln halb rothe halb weiße, die Hälfte eines gemästeten Schweins, welche Hälfte 75 Pfund wiegen muß
26, Sechsundzwanzig Pfund gute Butter
4, Vier Matzen Kochspeise
3, Drei Thaler Taschengeld wöchentlich
2 Käse,
ein Quart einfachen Kornbranntwein
täglich 1/2 Quart Milch
monatlich ein halbes Pfund Kaffee, 1 Pfund Syrub.

Der Altsitzer erhält außerdem jährlich
2 Paar neue Hemden und
2 Paar leinene Hosen.

Nach dem Ableben des einen der Altsitzer erhält der Ueberlebende die Hälfte der Naturalien ad d) und des Taschengeldes, wenn jedoch der Verkäufer der Letztlebende ist, da bekommt er 6 Scheffel Roggen und 12 Scheffel Kartoffeln außer der übrigen Hälfte. Sollten

S. 7

Sollten die Altsitzer so schwach und unvermögend werden, daß sie sich nicht mehr selbst reinigen und beköstigen können, so muß der Besitzer ihnen Aufwartung, Pflege, Reinigung und Beköstigung gewähren, es fallen aber dann auch die ad d) bemerkten Naturalien weg.

Dies Ausgedinge soll als eine Reallast in das Hypotheken=Buch eingetragen werden; Käufer verpfändet seine Grundstücke dafür. Auch die Beerdigung der Altsitzer muß Käufer auf seine Kosten besorgen.

Die sämtlichen Kosten des Kontracts und der Hypotheken-Regulierung übernimmt Käufer.

Kontrahenten entsagen allen diesem Kontract zuwiderlaufenden Einwendungen und Rechtsbehelfen, besonders der Käufer dem Einwande der Verletzung über die Hälfte, welcher wie ihm bekannt gemacht worden ist, darin besteht, daß wenn sich findet, daß

S. 8

der gegebene Kaufpreis den eigentlichen Werth um das Doppelte übersteigt, dies Mißverhältnis zum Lasten des Käufers die rechtliche Vermuthung eines den Kontract entkräftenden Irrthums begründe, daß dieser Einwand nicht gemacht werden könne, wenn demselben entsagt worden ist.

prael: ratih: subscr:
Christian Wilhelm Hankel
Ludwig Hankel geschrieben von Krüger
aus
Langheinrich

für den Büdner Christian Wilhelm Hankel als Erwerbungs-Document unter Beifügung des Regierungs=Konsenses vom 27. November 1840 urkundlich unter des Gerichts Siegel und Unterschrift ausgefertigt

KWusterhausen 24^{t} December 1840
(L. S.)
Königl. Pr. Justiz=Amt
Langheinrich

Ausfertigung
Vorstehende Abschrift stimmt mit dem Originale überein ((z.T. durch Klebesiegel verdeckt))

KWusterhausen 27th März 1841
((Gerichtssiegel))
Königl. Preuß. Justit=Amt
Langheinrich Krüger

Baukonsens Heidenreich, 1869

Fo. 1916

Anwesend:
1. der Schulze Siegert
2. der Gerichtsmann Zeige
3. der do. Bohsling
ad 1 bis 3 aus Miersdorf.
u. 4. der Herr Kanzleirath Heidenreich aus Berlin
((Signaturen))

///Br.mann mit dem in suplo genehmigten Bauplane dem Königlichen Landrathsamt zu **Teltow** zur geneigten Ertheilung des Ansiedlungs= und Bestätigung des Bau=Consenses mit dem ganz ergebensten Bemerken zu überreichen, daß der neuen Ansiedlung Bedenken nicht entgegenstehen.

Königs Wusterhausen, den
2. October 1869.
Der Amts=Rentmeister
Brückert

T. 12. 10. 69
/ best. Plan ((unleserlich, vermutl. Genehmigungsvermerk des Landrates, Prinz Handjery))

Verhandelt
Königs Wusterhausen, den 2ten October 1869.

Der Herr Kanzleirath Hermann, Julius, August Heidenreich aus Berlin beabsichtigt auf einer von dem Fischereibesitzer Hankel zu Hankel's Ablage erworbenen Parzelle von 2 Morg. 125 Quadratruthen, deren Lage aus dem anliegenden Situationsplane genau hervorgeht, ein Wohnhaus nach Maßgabe des ferner hier anliegenden Bauplanes zu errichten und somit eine neue Ansiedlung zu gründen. Zu dem in Folge dessen heute hier angeraumten Termine hatten sich die nebengenannten Personen eingefunden, mit welchen Folgendes verhandelt wurde.
Es wird zunächst anerkannt, daß das zu bebauende Grundstück zum Gemeinde=, Kirchen= und Schulverbande von Miersdorf gehört und durch die neue Ansiedlung Gefahr für das Gemein-

de=Wesen nicht zu befürchten, auch die polizeiliche Beaufsichtigung

((Ende der Vorderseite))

der neuen Ansiedlung mit ungewöhnlichen Schwierigkeiten nicht verbunden ist, indem sich in der unmittelbaren Nähe der zu gründenden Ansiedlung bereits mehrere mit Wohnhäusern bebaute Grundstücke befinden, welche ebenfalls zum Gemeindeverbande Miersdorf gehören. Der unterzeichnete Amtsverwalter und der Ortsvorstand von Miersdorf leisten auf das denselben nach § 11 des Gesetzes vom 24ten Mai 1853 zustehende Widerspruchsrecht Verzicht.

Die Abgaben(,) die auf die zu bebauende Parzelle von den Lasten des Hauptgutes zu übernehmen sind, sind noch nicht festgesetzt, der Ansiedler unterwirft sich jedoch allen von den Verwaltungsbehörden in dem dazu besonders einzuleitenden Verfahren zu treffenden Festsetzungen. Zu den aus dem Gemeinde=, Kirchen=, Pfarr= und Schulverbande entspringenden Lasten, insbesondere zu den Communal=, Kirchen=, Pfarr= und Schulbau= Lasten hat der neue Ansiedler gleich einem Büdner des Ortes, das ist zu den baren Geldbeiträgen

((Ende der Rückseite))

mit dem 4ten Theile gegen einen Bauer beizutragen, wie er überhaupt alle diejenigen Abgaben

und Leistungen zu übernehmen hat, welche nach der Verfassung oder Orts=Observanz solchen Mitgliedern der Gemeinde obliegen, welchen er nach Maßgabe seiner Besitz und sonstigen Beiträge beizuzählen ist.
An den Gemeindenutzungen nimmt der neue Ansiedler wie jeder andere Büdner Theil, auch übt er in den Gemeindeversammlungen das Stimmrecht als solcher aus.
Der Ortsvorstand von Miersdorf und der Herr Kanzleirath Heidenreich erklärten sich mit diesen Festsetzungen überall einverstanden. Ein Mehreres war nicht zu verhandeln.

V. g. u.

Hermann Julius August Heidenreich.

Siegert Schulze.
Zeige
Rohsling.

a. u. s.

Brückert, Rentmeister

Gustav Evers/August Hankel, 1889, Kaufvertrag

Zwischen dem Fischereibesitzer August Hankel zu Hankels= Ablage, und dem Kaufmann Herrn Gustav Evers zu Berlin Monbijouplatz Nr. 10 ist folgender Vertrag verabredet und geschlossen worden.

§ 1.

Hankel verkauft an Herrn Evers sein ihm gehöriges, auf Hankels=-Ablage belegenes, im Grundbuch von Miersdorf Bd. II No. 51. verzeichnetes Grundstück laut Situations-Plan, wie dasselbe steht und liegt, und von dessen Lage und Grenzen der Käufer vollständig orientiert ist.

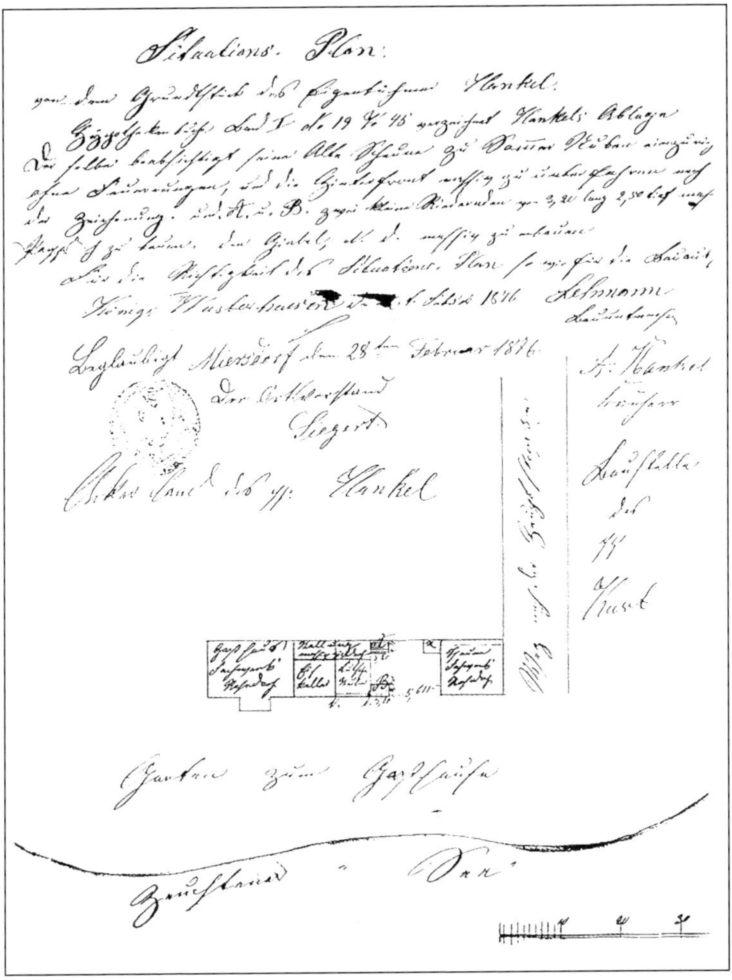

Einzig überlieferter maßstabsgetreuer Umriß des alten Fischer- und Gasthauses am unteren Ende des Hankelweges

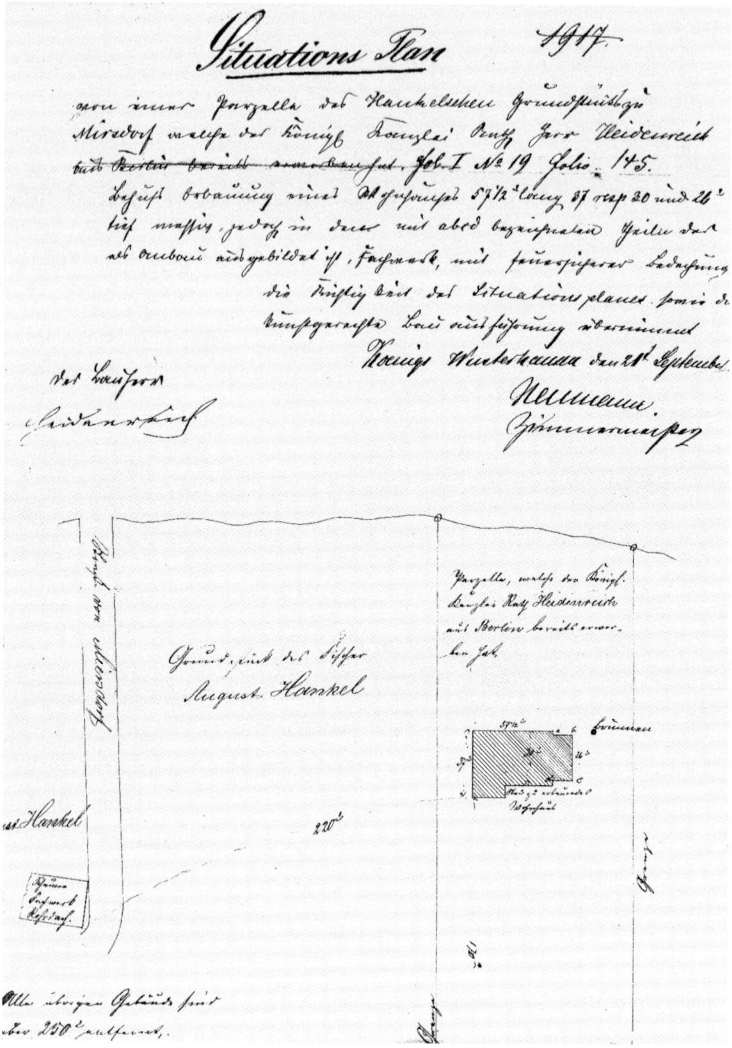

Umriß und Lageplan des 1869/70 vom Kanzleirat Heidenreich erbauten Wohnhauses, des späteren „Etablissements Käppel“. Am linken Rand – die Scheune des alten Gasthauses der Hankels

Nach erfolgter Prüfung der Vollständigkeit u. Richtigkeit der Vorlagen wird unbeschadet der Privatrechte jedes Dritten die Erbauung eines neuen Wohnhauses nach Maßgabe des nebenstehenden Situations-Planes in baupolizeilicher Beziehung hiermit genehmigt.

Dieser Consens erlischt, wenn der qu. Bau nicht innerhalb Jahresfrist begonnen oder doch beendigt worden ist.

Königs Wusterhausen den 19ten October 1869

Königliches Domainen-Rent- u. Polizei Amt

[signature]

10689

No 383 Controlle

Der Ansiedlungs-Consens wird ertheilt und der Bauconsens bestätigt.

Der Landrath

I. V.

gez. Haake

dem Gendarm Drewitz zur Controlle.

p. d. 18/10. 69.

Drewitz

An das Königliche Landraths-Amt nach Kenntnißnahme gehorsamst zurückzureichen

Kgs. Wusterhausen den 17. October 1869.

Drewitz

berittener Gendarm

Profil

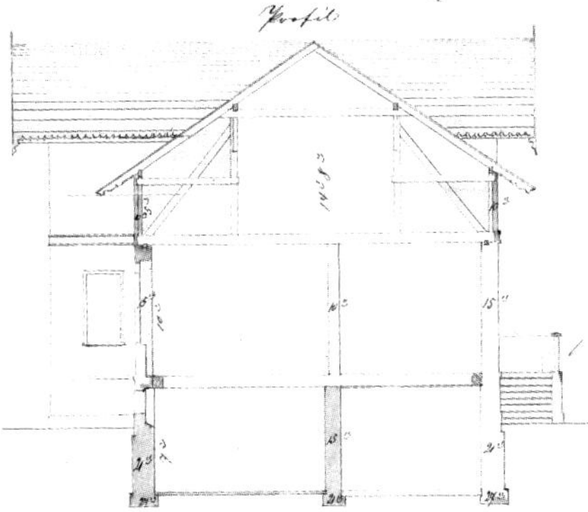

Grundriß

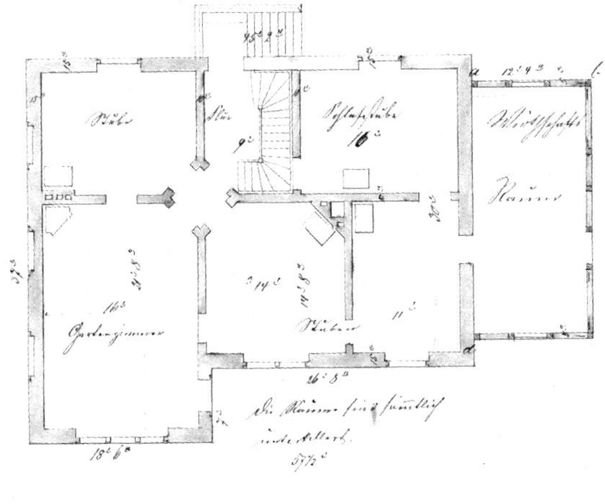

Die Räume sind sämtlich unterkellert.

II-20-5

§ 2.

Der Kaufpreis ist auf 35 500 Mkr: / Fünf u. Dreißig Tausend Fünf Hundert Mkr: / festgesetzt, und wird in folgender Weise belegt: Käufer zahlt vor, oder bei der Auflassung 10 500 Mkr: an, und das Restgeld von 25 000 Mark wird dem Käufer creditiert. Zur Sicherstellung des Verkäufers beantragt Käufer bei der Auflassung, daß dies Kapital zur nächst offenen Stelle hypothekarisch für den Verkäufer auf das besagte Grundstück eingetragen wird, sowie Bildung eines Hypothekenbriefes.
Das genannte Restkaufgeld soll vom 1t November d. J. ab, mit 4 1/2 Prozent jährlich verzinst werden, die Zinszahlung erfolgt

S. 2

vierteljährlich postnumerando.
Verkäufer verpflichtet sich dem Käufer das Restkaufgeld auf fünf Jahre bei pünktlicher (d. h. binnen 8 Tagen nach der jedesmaligen Fälligkeit) erfolgter Zinszahlung bis zu 1t November 1894 unkündbar zu belassen. Käufer hingegen verpflichtet sich, nach diesem Zeitpunkt, nach sechsmonatiger Kündigung seitens des Verkäufers das besagte Kapital nebst Zinsen an den Verkäufer, und zwar in Berlin in einem vom Verkäufer zu bestimmenden Bankgeschäft, zu zahlen.
Käufer acceptirt vorstehende Abmachungen.

§ 3.

Käufer verpflichtet sich auf das gekaufte Grundstück weder eine Restauration noch Schankgeschäft nicht zu errichten, diese Vereinbarung soll zu Gunsten des Verkäufers als Besitzer des Grundstücks Miersdorf I No. 19 auf das Grundstück eingetragen werden, was Käufer hiermit beantragt.

§ 4.

Auf dem Grundstück sind 15o Mkr. Caution eingetragen, Käufer ist hierüber informirt, sowie über die, den 4 Büdnern zu Rauchfangswerder zustehende Benutzung zum gehen, des im Plan verzeichneten Fußsteigs, und verzichtet Käufer in letztgenannter Angelegenheit auf Gewährleistung seitens des Verkäufers.

S. 3

§ 5.

Es ist vereinbart, daß auf der Grenze zwischen den Grundstücken des Käufers u. Verkäufers eine 1,8o Mtr. hohe Mauer aus **guten** Mauersteinen bis 1t May 1890 auf gemeinschaftliche Kosten errichtet werden soll; auch von beiden Theilen, ein jeder auf seiner Seite dieselbe zur Anlage von Spalierobst resp. Wein benutzt werden darf. Die Instandhaltung liegt jedem auf seiner Seite ob, dagegen tritt eine einseitige Verpflichtung zur Herstellung und Ausbesserung der Mauer von demjenigen ein, durch dessen Verschulden eine Beschädigung derselben hervorgerufen ist.

§ 6.

Contrahenten entsagen allen gegen diesen Vertrag etwa zu machenden Einwendungen, und soll dieser Vertrag dem Kauf zu Grunde gelegt werden. Die Übergabe des Grundstücks erfolgt mit dem Tage der Auflassung. Käufer trägt die aus diesem Kauf entstehenden Kosten.

Gustav Evers
A. Hankel

Hankels=Ablage
den 28t October 1889

Handschriftliche Übersicht August Hankels über seine Vermögenslage zwecks Einspruchs bei der Steuerbehörde, 1890/91

Landverkäufe

					Mkr
Laut Vertrag vom	18. September	1869	mit Heidenreich	–	3.000
" " "	17. May	1873	mit Hansch	–	4.050
" " "	25. Juni	1873	mit Stimming u. Spröde	–	3.240
" " "	17. September	1873	mit Ki(n)cinsky	–	1.590
" " "	5. November	1873	mit Bartmann u. Pritz	–	2.730
" " "	18. Februar	1874	mit Kalisch	–	5.100
" " "	10. Februar	1876	mit Kurth	–	13.500
" " "	15. Januar	1878	mit Heidenreich	–	6.600
" Auflassung "	28. August	1878	mit Franz	–	1.050
" Vertrag "	24. März	1880	mit Zander	–	2.850
" Auflassung "	13. April	1881	mit Sepolt-Fischerei	–	2.100
" Vertrag "	4. August	1882	mit Lehmann	–	9.500
" " "	10. September	1885	mit Thiele	–	8.100
" Auflassung "	14. Juni	1886	mit König	–	700
" Vertrag "	16. Juli	1888	mit Gräfe	–	6.000
" " "	28. September	1888	mit Ihring	–	2.350
" " "	2. October	1889	mit Koch	–	5.854
" " "	6. October	1889	mit Tosch (Pesch?)	–	5.670

"	"	"	28. October	1889 mit Evers	– 35.500
"	"	"	27. April	1890 mit Krause	– 12.000
"Auflassung		"	8. October	1890 mit Evers	– 500
					131.984
				Die Fischerei Sepolt ab	– 2.100
					12 9.884
					– 121.740
				Überschuß	8.144

Eingetragene Schulden

Mkr.				
– 4.500	für 4 Geschwister Domisch	zu 5 %	eingetragen	22. 3. 64
			gelöscht	17. 11. 76
– 6.000	für Hirschfeld	zu 5 %	eingetragen	19. 3. 67
– 3.600	für Lecomte	zu 5 %	eingetragen	11. 10. 68
			gelöscht	8. 4. 74
- 6.000	für Lecomte zu	5 %	eingetragen	18. 4. 79
			gelöscht	8. 6. 88

Schulden

5.790	Vorschußbank in Königs Wusterhausen, bezahlt 70 oder 71
2.100	Laut Schuldschein vom 6. Januar 1880 von Lecomte, bezahlt am 27. September 1887

Sonstige Ausgaben

1.320	Land gekauft von Detring, laut Vertrag vom 9. 11.	1869
2.600	Einen neuen Stall gebaut	1870
	Beweis: Maurerpolier Huht u. Zimerpolier Hellwig	
6.800	Stationsgebäude mit Perron im Jahre	1874
	Beweis: Restaurateur Siegert	
378	Einen Zaun errichtet an der Straße, 280 mtr. lg.	1872
	Beweis: Bauunternehmer Franz	
5.200	Altes Gasthaus dem Verkehr entsprechend vergrößert Eiskeller und eine größere Halle erbaut	1876
	Beweis: Unternehmer Franz u. Bauunternehmer Lehmann	
470	Zweites Mal den Zaun errichtet, theils Drahtgeflecht, theils Sprügelzaun – Franz –	1888
1.570	Ernst in eine bessere Schule(Lutherschule/Berlin mit Fahrgeld, Bücher etc. 2 Jahre	1879/80

18.000	Villa erbaut, Ausweis Feuerkasse	1881
984	Mathilde in die Töchterschule in Kg. Wusterhausen 1 Jahr und in Letteverein Berlin 4 Monate	1889/90
2.732	Trude $3^1/_2$ Jahre in die Töchterschule (Wusterhausen) bis Ostern	1891
800	Instrument gekauft	1889
15.100	Die kleine Villa gebaut, Beweis Feuerkasse	1883
1.100	Eine Grenzmauer nach Übereinkommen mit dem Käufer Herrn Evers	1889
96	Schutzpfähle Dahme, Beweis Franz	1890
1.200	Facade in Oel gestrichen, auch verschiedene Anstriche in Oel im Innern des Hauses. Beweis: Malermeister Kleinichen	1890
600	Obstanlagen von durchschnittlich jährlich 30 Mkr. Beweis: Ökonomierath Späth	1870–1890

Verluste

2.600	durch Abbrand des Gasthauses	1882
	....	
32.000	angelegt im Heft Hypotheken	

Kaufvertrag Gustav Slaby/August Hankel, 1893

((Rote Stempelmarke und zwei Steuer-Stempel vom K(önigl). Haupt-Steuer-Amt Berlin))

Hierzu Scheck und zum Hauptexemplar 265,50 Mk. in Stempelpapier und Marken kassirt
Berlin, den 7ten April 1893
Königl. Haupt Steuer Amt Sitz
Franz ((Name fraglich))
((zwei unleserliche Schriftzüge))

Zwischen dem Fischereibesitzer August Hankel zu Hankels Ablage und dem Rentier Herrn Gustav Slaby zu Berlin Großbeeren Str. 86, ist folgender Kaufvertrag verabredet und geschlossen worden.

§ 1

Hankel verkauft von dem ihm gehörigen, zu Hankels Ablage belegenen, und im Grundbuche zu Miersdorf Band I Nr. 19 verzeichneten Grundstück eine am Wasser belegene Parzelle von cr ((am linken Rand mit Bleistift nachgetragen: 3745 qm)) 264 Quadratruthen Flächen-Inhalt an Herrn Slaby, und zwar in der Form, wie dieselbe be-

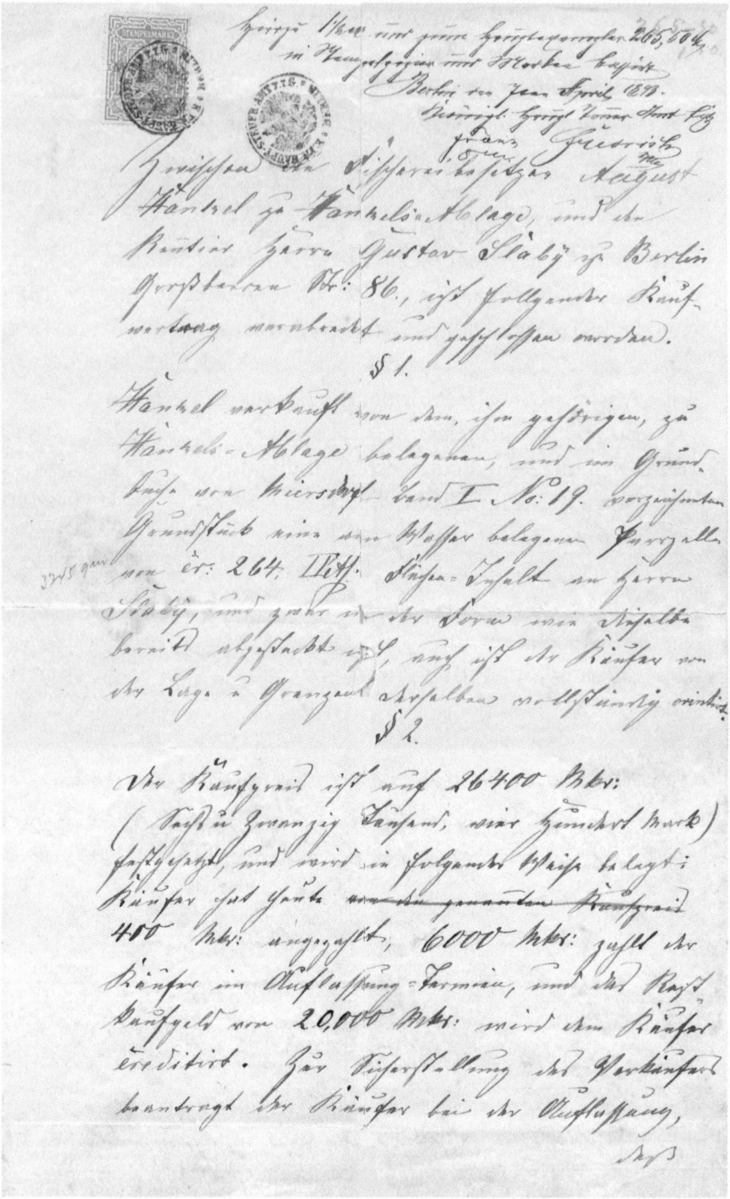

Zwischen dem Fischereibesitzer August Hankel zu Hankels-Ablage, und dem Rentier Herrn Gustav Slaby zu Berlin Grossbeeren Str: 86., ist folgender Kaufvertrag verabredet und geschlossen worden.

§ 1.

Hankel verkauft von dem, ihm gehörigen, zu Hankels-Ablage belegenen, und im Grundbuche von Miersdorf Band I No: 19. verzeichneten Grundstück eine am Wasser belegene Parzelle von cr: 264 □Ruth. Flächen-Inhalt an Herrn Slaby, und zwar in der Form wie dieselbe bereits abgesteckt ist, auch ist der Käufer von der Lage u. Grenzen derselben vollständig orientirt.

§ 2.

Der Kaufpreis ist auf 26400 Mk: (Sechs u. Zwanzig Tausend, vier Hundert Mark) festgesetzt, und wird in folgender Weise belegt: Käufer hat heute ~~an den genannten Kaufpreis~~ 400 Mk: angezahlt, 6000 Mk: zahlt der Käufer im Auflassungs-Termine, und das Rest-Kaufgeld von 20,000 Mk: wird dem Käufer creditirt. Zur Sicherstellung des Verkäufers beantragt der Käufer bei der Auflassung,

Der von August Hankel handschriftlich ausgefertigte letzte Verkaufsvertrag mit dem Berliner Rentier Gustav Slaby von 1893. Er verbot die Errichtung einer Fabrik oder einer Gastwirtschaft auf dem Gelände

reits abgesteckt ist, auch ist der Käufer von der Lage und Grenzen derselben vollständig orientiert.

§ 2

Der Kaufpreis ist auf 26 400 Mkr. (Sechs u. Zwanzig Tausend, vier Hundert Mark) festgesetzt, und wird in folgender Weise belegt: Käufer hat heute von dem ((durchgestrichen: genannten Kaufpreis)) 400 Mkr. angezahlt, 6000 Mkr. zahlt der Käufer im Auflassungs=Termien, und das Restkaufgeld von 20,000 Mkr. wird dem Käufer creditirt. Zur Sicherstellung des Verkäufers beantragt der Käufer bei der Auflassung, daß

((Ende S. 1))

dies Kapital zur ersten Stelle hypothekarisch für den Verkäufer auf das erkaufte Grundstück eingetragen wird ((später eingefügt: sowie Bildung eines Hypothekenbriefes)). Das besagte Restkaufgeld wird vom 1ten April d. J. ab mit $4^1/_2$ Prozent jährlich verzinst, die Zinszahlung erfolgt vierteljährlich postnumerando.

Verkäufer verpflichtet sich, den Käufer das Restkaufgeld auf zehn Jahre, allso bis den 1ten April 1903 bei pünktlicher (d. h.) binnen 8 Tage nach der jedesmaligen Fälligkeit erfolgten Zinszahlung, stehen zu lassen. Werden die Zinsen nicht pünktlich gezahlt, so steht dem Verkäufer ein ((überschrieben: früheres)) Kündigungsrecht zu. Käufer ((durchgestrichen: hingegen)) verpflichtet sich, ((durchgestrichen: mit diesem benannten Zeitpunkt,)) nach vorangegangener 6monatlicher Kündigung seitens des Verkäufers, das Kapital nebst Zinsen an den Verkäufer oder dessen Erben, und zwar in Berlin, in einem vom Verkäufer oder dessen Erben zu bestimmendes(n) Bankgeschäft zu zahlen. Käufer und Verkäufer acceptiren vorstehende Abmachungen.

§ 3

Käufer und dessen Rechtsnachfolger haben an der Straße, insbesondere aber an des Verkäufers Grenze einen festen, gegen Haustiere schützenden Zaun ((hinzugefügt: innerhalb Jahresfrist)) zu errichten und zu unterhalten.

§ 4

((am linken Rand blau markiert))

Käufer verpflichtet sich, daß auf das erkaufte Grundstück

((Ende S. 2))

eine Restauration oder irgendwelches Gastgeschäft auch Fabrik=-Anlagen nicht errichtet werden darf. Diese Vereinbarung soll zu Gunsten des Verkäufers ((hinzugefügt: u. (des) Nachbesitzer(s))) des Restgrundstücks Miersdorf Bd. I Nr. 19 auf das erkaufte Grundstück eingetragen werden, was Käufer hiermit beantragt.

§ 5

Ferner ist vereinbart, daß das auf der Grenze stehende alte Landhaus Eigenthum des Verkäufers bleibt, jedoch einstweilen noch bis zum 1ten October 1894 vom Käufer als Wohnung benutzt werden darf. Diese Vergünstigung darf einem etwaigen Nachbesitzer nicht übertragen werden, und ist der Besitzer Hankel in diesem Falle ermächtigt, das besagte Haus schon vor dem genannten Zeitpunkt abzubrechen. Den Zaun aber hat Käufer oder Nachbesitzer auf dieser Stelle der Grenze sogleich zu errichten.

§ 6

Kontrahenten entsagen alle(n) gegen diesen Vertrag etwa zu machenden Einwendungen, und soll derselbe dem Kaufe zu Grunde gelegt werden. Käufer trägt ((hinzugefügt: alle)) die aus diesem Kauf entstehenden Kosten, sowie ((gestrichen: alle auf)) die auf die verkaufte Parzelle entfallenden Abgaben, ebenso etwaige Reparaturkosten des ihm in § 5 zur vorläufigen Bewohnung überlassenen alten Hauses.

((eigenhändige Unterschriften))

Hankels Ablage
d. 7. April 1893

A. Hankel
GustavSlaby

Altdeutsche Worte, Wendungen, Maße und Gewichte

Abpfadung: Markierung eines vermessenen Weges.

Auflassung: die zur Übertragung des Eigentums an einem Grundstück erforderliche Einigung des Veräußerers und des Erwerbers bei gleichzeitiger Anwesenheit beider vor dem Grundbuchamt, auch vor einer anderen bevollmächtigten Behörde, einem Beamten oder Notar. Nach altdeutschem Recht hatte die A. die Form einer gerichtlichen Investitur: Der bisherige Besitzer erklärte feierlich, daß er sein Recht aufgebe, danach erklärte der Erwerber die Annahme des aufgelassenen Rechtes.

besage: laut.

Bord: Wandbrett zur Aufbewahrung von Haushaltsgerät.

brandenburgische Cour., brandenburgische Kurant: vollwertige, in ihrer Kaufkraft unbeschränkte preußische Edelmetallmünzen, deren Metallwert dem staatlich verbürgten Nennwert entsprach.

Büdner: freier Handwerker, Kleinbauer oder Landarbeiter mit dem Nutzungsrecht an einem kleinen, landwirtschaftlich noch selbständig nutzbaren Grundstück (Haus, Hof, Garten, Wiese), für das er jährlich einen bestimmten Pachtzins in Geld und/oder Naturalien zu entrichten hatte. Friedrich II. in seinem Politischen Testament von 1752: „Sollen sie (die Büdner - J. K.) ihr Auskommen haben, so müssen sie ein Haus, ein Gärtchen und genug Weideland besitzen, um zwei Kühe zu halten." Siehe auch Erbpacht.

Einwand der Verletzung über die Hälfte: Klausel, wonach ein Kaufvertrag zu Lasten des Verkäufers angefochten und aufgekündigt werden konnte, wenn sich herausstellte, daß der tatsächliche Wert des Erworbenen um die Hälfte und mehr geringer ist als der geforderte Kaufpreis. Bei ausdrücklichem Verzicht des Käufers auf diesen Einwand konnte dieser danach nicht mehr geltend gemacht werden.

Erbpacht, Erbzinsleihe, Erbzinsverschreibung: ein erbliches, veräußerliches Nutzungsrecht an Grundstücken und Immobilien. Bei Antritt der E. (Gründung des Erbstandes) zahlte der Erbpächter (Erbmeier) gewöhnlich dem Grundeigentümer ein vertraglich festgelegtes Erbstandsgeld (Laudemium), eine Art Kaufgeld für das ihm überlassene Inventar, das aber auch auf andere

Weise berechnet werden konnte. Jährlich hatte er eine Rente (Kanon) in Geld und/oder Naturalien zu entrichten und das Grundstück samt Zubehör in gutem Zustand zu erhalten, anderenfalls ihn der Grundeigentümer entsetzen (abmeiern) konnte. Starb die Familie des Erbpächters aus, so fiel das Gut an die Grundherrschaft zurück. In Preußen hielt sich die E. bis Mitte 19. Jahrhundert. Mit dem Gesetz vom 2. 3. 1850 wurde die E. durch Übertragung des vollen Eigentums abgelöst, der Kanon in eine ablösbare Reallast verwandelt.

Fuß: früheres deutsches Längenmaß, in Preußen 0,314 m. Siehe auch Maße.

Guter Groschen: siehe Taler.

Huthe: Viehweide.

Hypothekenbuch: vor Einführung des Grundbuchsystems justizamtlich geführtes Verzeichnis der Belastung von Grundstücken, besonders der pfandrechtlichen. In das H. wurden Besitzstand, vertraglich vereinbarte Forderungen und Schulden der Grundstücksbesitzer im Zuständigkeitsbereich des jeweiligen Justizamtes eingetragen. Auf Verlangen eines Grundstücksbesitzers wurde diesem gebührenpflichtig ein Hypothekenschein – ein Auszug aus dem H. – ausgefertigt.

inngleichen, insgleichen: dergleichen, desgleichen.

Kiehnäpfel, Kienäpfel: Kiefernzapfen.

Kiehnwachs, Kienwuchs: Kiefernbestand, Kiefernwald.

Kuchholz: Brennholz für die Küche.

Maße: In Preußen galten bis ins 19. Jh. nichtmetrische Maßeinheiten, die nach menschlichen Körperteilen (z. B. der Fußlänge eines männlichen Erwachsenen), nach allgemein verbreiteten Gebrauchsgegenständen (Elle, Rute, Scheffel u. a.) oder nach einem bestimmten täglichen Arbeitsvermögen (Morgen, Tagewerk) festgesetzt waren. Solche Festlegungen wichen in den deutschen Teilstaaten meist voneinander ab, in einzelnen Fällen stimmten sie in mehreren Teilstaaten überein. Viele nichtmetrische Maße blieben nach der gesetzlichen Einführung des metrischen Systems ab 17. 8. 1868 im Norddeutschen Bund und ab 1. 1. 1872 im Deutschen Reich gewohnheitsmäßig noch lange in Gebrauch.

Matze (von „Maß“): früheres deutsches Hohlmaß für trockenes Schüttgut, in Preußen etwa 3,44 Liter.

Mk, Mkr: frühere inoffizielle Abkürzung für Mark (Plural: Märker). Nach Gesetzen von 1871 und 1873 wurde die Mark zur Währungseinheit des Deutschen Reiches erklärt. Offizielle Abkürzung: M. Auf einige Hankelsche Urkunden wurden die Stempelgebühren auch danach noch in Talern und Groschen erhoben, desgleichen die darin festgesetzten Preise. Erst in einer Urkunde von 1875 wurden Gebühren und Preise in Mark und Pfennigen ausgedrückt. Dazwischen erfolgte demnach in Preußen die Umstellung auf das neue Währungssystem.

In den 80er Jahren des 19. Jh. hatte 1 Mk den Wert von 1/2790 kg Feingold. Unterteilt in 100 Pfennige, wurde die Mark damals in Gold ausgeprägt (20-, 10-, zeitweise auch 5-Mark-Stücke). Als Scheidemünzen waren 5-, 2- und 1-Mark-Stücke, bis 1885 auch 50- und 20-Pfennig-Stücke aus Silber in Umlauf.

Morgen: früheres deutsches Flächenmaß, entsprach in Preußen etwa 0,255 ha.

nach der Hand: unbestimmte Menge, soviel man mit einer Hand erfassen konnte.

Nießbrauch: Nutzungsrecht.

Pfund: 500 g.

Quadratruthe, Quadratrute: früheres deutsches Flächenmaß. Es umfaßte 144 Quadratfuß, das entsprach etwa 14,2 m^2.

Quart: früheres deutsches Flüssigkeitsmaß. Es umfaßte in Preußen 1,145 Liter.

Raffholz, Raufholz: nach preußischem Landrecht dürres, abgefallenes oder nach dem Abholzen in einem Schlag zurückgelassenes Bruchholz, gewohnheitsrechtlich zählte dazu auch mit der bloßen Hand erreichbares, abbrechbares dürres Geäst. Als Gegenstand forstlicher Nebennutzung wurden für das Sammeln von Raffholz (Leseholz) behördliche Berechtigungen erteilt, die, vertraglich festgelegt, vom Nutzer auch gegen andere Rechte eingewechselt werden konnten.

Ruthe, Rute: früheres deutsches Längenmaß. Die in Preußen gültige rheinländische R. entsprach 12 Fuß zu je 0,314 m, also etwa 3,77 m.

Scheffel: früheres deutsches Hohlmaß für trockene schüttbare Güter. Es umfaßte in Preußen 16 Matzen, also 103,83 Liter.

Silbergroschen: siehe Taler.

Speisefische: kleine Barsche, Plötzen, Weißfische.

Sperlingsköpfe: Zur Dezimierung von Spatzen als Feldfruchtschädlinge wurden in Preußen wie anderswo zeitweise Auflagen zur Ablieferung von Sp. oder ersatzweise – als Anreiz – für jeden nicht abgelieferten Sp. bestimmte Geldabgaben festgelegt. Das Große Universal Lexikon von 1743 berichtet, daß in „Orten, wo die meiste Nahrung im Ackerbau bestehet, die Bauren zur Strafe Schockweise die Sperlingsköpfe lieffern müssen". Der Artikel beschreibt ausführlich Mittel und Methoden zum Sperlingsfang.

Syrub, Sirup: eingedickter Zuckerrübensaft.

Thaler, Taler: In Preußen hatte bis 1873 die seit dem 16. Jahrhundert vorherrschende Einteilung des Geldes in Taler, Groschen und Pfennige Gültigkeit. Ein Taler (Reichstaler) unterteilte sich in 24 Groschen (Gute Groschen) zu je 12 Pfennigen, nach dem Münzgesetz von 1821 dann in 30 Silbergroschen zu je 12 Pfennigen. Diese Münzen wurden in Urkunden und auf Preislisten mit Kürzeln in Sütterlinschrift ausgedrückt: rt, gg, sg.

Vollzugsattest: gerichtliche Bestätigung, daß ein rechtskräftiger Verkaufs- bzw. Kaufvertrag erfüllt wurde. Siehe auch Auflassung.

Wiesewachs: Wiese, Wiesenland.

Ziethen, auf das Ziethensche belegen: hier Zeuthen, auf Zeuthener Flur gelegen. Zeuthen, früher Ziethen, Zueten, Czyten (14. Jahrh.) geht möglicherweise auf den wendischen Wortstamm sit – Binse, Rohr, Schilf; sitno – Dorf im Schilf zurück.

Schlimpert führt den Ortsnamen dagegen auf das altslawische sutj = gerüttelt voll, schütten (suti), sut = Schutt, Ablagerung, sutina = Schutthaufen zurück, vermag dies aber nicht zu beweisen („doch läßt sich nicht mehr entscheiden, welche der genannten Bedeutungen zugrunde liegt"). Daß es im Dahmetal an dieser Stelle zu Ablagerungen gekommen sein kann, nimmt er nur an. Seine Feststellung, die Vorläufer des Namens seien nur und durchweg in der u-Form überliefert, scheint zweifelhaft; er selbst führt ue- und y-Formen an und räumt ein, daß im 18. Jahrhundert die Form „Ziethen" schriftlich mehrfach belegt ist (vgl. G. Schlimpert: Brandenburgisches Namenbuch, Weimar 1972, S. 211).

Fremdsprachige Worte und Wendungen aus der früheren Preußischen Kanzleisprache

acceptiren, akzeptieren: billigen, einverstanden sein.
actum: verhandelt beim (Behörde), verhandelt zu (Ort).
ad: zu, unter.
ad acta: zu den Akten, ein Dokument einer Akte beifügen.
ad decreto, ad decr.: zum Erlaß.
Adjacent, Adjazent: Anlieger, Anwohner.
a. u. s. (actum ut supra): verhandelt wie oben verzeichnet.
Bonität: geschätzter Wert.
Bonitierung: Abschätzung.
Canon, Kanon: festgelegte jährliche Geldabgabe.
Caution, Kaution: Sicherheitsleistung, Bürgschaft u. a. zur Sicherung eines Gläubigers oder zur Abwendung eines möglichen Nachteils. Nach bürgerlichem Recht kann eine K. durch Hinterlegung von Geld oder Wertpapieren oder durch Bestellung einer Hypothek geleistet werden.
Chartierung, Kartierung: kartographische Geländeaufnahme.
Clausula: einschränkende, erweiternde oder erläuternde rechtliche Bestimmung, Vorbehalt.
comissens, Kommissenz: Gewinnbeteiligung.
Communitäts-Lasten: finanzielle Verpflichtungen einer bestimmten Körperschaft.
Conducteur, Kondukteur: Aufseher, Beamter, hier: Ingenieur-Lieutenant, Landvermesser.
confirmation: Bestätigung.
Confirmatio, confirmiren, konfirmieren: bestätigen.
Contract, Contrat, Kontrakt: rechtskräftiger Vertrag.
copia vidimata: beglaubigte Abschrift.
courant, cour., court., Kurant: in ihrer Kaufkraft unbeschränkte, vollwertige Edelmetallmünze, deren Metallwert dem staatlich verbürgten Nennwert entsprach.
cr, c/a: Zentiar, hundertster Teil eines Ar, Quadratmeter.
cum pertinentus: mit dem Zubehör.
Curand: Mündel.
Curator, Kurator: Vormund.

Currende, Kurrende: hier eine Unterschriftensammlung per Rundschreiben oder Umlauf.
declariren, deklarieren: erklären, feststellen, öffentlich aussprechen.
de dato: mit Wirkung vom.
deferiren, deferieren: stattgeben.
dispositionsfähig: geschäfts-, verhandlungsfähig.
Etablissement: Niederlassung, Wohnung.
Execution, Exekution: hier Pfändung, Zwangseintreibung.
Exequationserklärung: siehe Vollzugsattest.
exerciren, exerzieren: hier ausüben.
expressive: ausdrücklich.
Fidei-Commiß: unteilbare, unveräußerliche Vermögensmasse, die sich nach besonderer Erbfolgeordnung vererbte.
Fiscus, Fiskus: der Staat als Inhaber von Vermögen, die Staatskasse.
Fundus, Fundi: Grundstück(e).
Impetrant: Bittsteller.
Impreßator: siegelberechtigter Kanzleibeamter.
in civilibus: in Zivilrechtssachen.
in criminalibus: in Strafrechtssachen.
in decreto de hodierer: in/mit Erlaß dieses neuen Gesetzes.
in forma probanti: in gehöriger Form.
in gene quam in specie: im allgemeinen wie im besonderen.
innertirte Recognition: unveränderte Anerkennung.
in summa: alles in allem, insgesamt.
in sup(p)lo: in Ergänzung, zur Ergänzung.
laudemium in recognitionem domini directi: Handgebühr für den Grundherrn, ein unmittelbar an ihn zu entrichtender Betrag.
liquidiren, liquidieren: hier einen Preis berechnen oder erheben.
Locatio: Vertrag.
Observanz: Brauch, Gewohnheitsrecht.
originaliter: in der Urschrift, Erstschrift eines Dokuments.
pagina, pag.: Seite eines Buches.
Pertinentzien, Pertinentien: Zubehör, zugehörende Teile.
petitum: Bittschrift, Gesuch.
postnumerando: nachträglich (zu zahlender Betrag).
prael: ratih: et subscr: (prälego ratihabilato subscribo): vorgelesen, genehmigt, unterschrieben.
pränumerando: im voraus (zu zahlender Betrag).
prasitio pratensis: Wiese, grünes Wiesenland.
pretium: Preis, Kaufsumme.
quartaliter: vierteljährlich.

Recognition, Rekognition: Anerkennung, Beglaubigung.
Remission: Erlaß oder Minderung einer finanziellen Forderung.
Remonstration: Einspruch, Gegendarstellung eines Sachverhalts.
requiriren, requirieren: hier beschaffen, sich an- oder verschaffen.
Resolution, Solution: Erlaß, Verfügung.
respektive, resp.: bzw., in bezug auf.
Rezeß: gerichtlicher Vergleich von Vermögenansprüchen bzw. Vermögensstreitigkeiten.
Servitut: dingliches Gebrauchs- bzw. Nutzungsrecht an fremdem Grundbesitz.
signatum: unterschrieben am.
stipuliren, stipulieren: vereinbaren.
titulus possessionis: Besitztitel.
Trinitatis: Sonntag nach Pfingsten.
valeur: Wert, Geldwert.
Villegiatur: Landaufenthalt, Sommerfrische.
Volumen, Vol.: hier Einzelband mehrbändiger Schriftwerke.

Bildnachweis

Autor 6, 38,83, 84, 85, 87, 88–104;
Berlin und seine Eisenbahnen, Berlin 1896 47;
Brandenburgisches Landeshauptarchiv Potsdam 14, 20, 57;
DESY Zeuthen 87, 109, 111;
Deutsche Staatsbibliothek Berlin 25–27, 69;
Festschrift zum 25jährigen Bestehen des Fischerei-Vereins für die Mark Brandenburg, Berlin 1903 2;
Bernd Fischer 23, 24, 40, 71;
Ingeborg Fontane 14, 65;
Theodor-Fontane-Archiv Potsdam 75;
Heimatmuseum Neuruppin 11;
Peter Hein 62, 86, 114;
Nationalgalerie Berlin 81;
Gisela Tosch Titelbild, 17, 18, 22, 31, 35, 40, 41, 43, 49–56, 58–62, 78, 79, 82, 123–126, 147–149, 154

Quellenverzeichnis, Literaturhinweise

In der Studie fanden – mit freundlicher Genehmigung von Frau Gisela Tosch – die Archivalien des Hankelschen Familiennachlasses Verwendung. Die ev. Kirchenämter von Mittenwalde/Ragow und Zeuthen/Miersdorf erlaubten freundlicherweise Auszüge aus den alten Copulations-, Tauf- und Sterberegistern. Hinweise gaben auch Abschriften und Aufzeichnungen des Mittenwalder Heimatgeschichtsforschers Möhring, angefertigt in den Jahren 1965–1967.

Allgemeine Nachschlagewerke

Großes vollständiges Universal Lexikon Aller Wissenschaften und Künste. Verlegts Johann Heinrich Zedler, Halle und Leipzig 1747

Handbuch der historischen Stätten Deutschlands. Zehnter Band. Herausgegeben von Dr. Gerd Heinrich. Alfred Kröner Verlag, Stuttgart 1985

Historisches Ortslexikon für Brandenburg. Teil IV. Teltow. Verlag Hermann Böhlau Nachf., Weimar 1976

Gerhard Schlimpert: *Brandenburgisches Namenbuch.* 3. Teil: Die Ortsnamen des Teltow. Verlag Hermann Böhlau Nachf., Weimar 1972

Historische Landschafts- und Ortsbeschreibungen

Ernst Fidicin: *Die Territorien der Mark Brandenburg oder Geschichte der einzelnen Kreise, Städte, Stiftungen und Dörfer* in derselben als Fortsetzung des Landbuchs Kaiser Karls IV. Bände 1–4, namentlich die 1. Abteilung: Geschichte des Kreises Teltow und der in demselben belegenen Städte, Rittergüter, Dörfer usw. Guttentag (später Selbstverlag), Berlin 1857

Adolf Hannemann: *Beschreibung des Kreises Teltow und seiner Einrichtungen.* Zwei Bände. Berlin 1885 und 1886 bis 1894

Adolf Hannemann: *Der Kreis Teltow, seine Geschichte, seine Verwaltung, seine Entwicklung und seine Einrichtungen.* Teltow 1931

Wolfgang Holtz/Gerd Koischwitz: *Südlich von Berlin: Der Teltow.* Stapp Verlag, Berlin 1994

Königs Wusterhausen. Eine illustrierte Orts- und Stadtgeschichte. Herausgegeben von Kurt Adamy, Kristina Hübener, Marko Leps. Verlag Willmuth Arenhövel, Berlin 1998
Das Landbuch der Mark Brandenburg von 1375. Herausgegebenen von Johannes Schultze. Gsellius, Berlin 1940
Willy Spatz: *Der Teltow. 3. Theil: Geschichte der Ortschaften des Kreises Teltow.* Rohde, Berlin 1912
M. Wald: *Heimatskunde des Kreises Teltow.* Berlin 1895

Besiedelungsgeschichte

Die Werke Friedrichs des Großen in deutscher Übersetzung. Herausgegeben von Gustav Berthold Volz. Band 7. Verlag von Reimar Hobbing, Berlin 1913
Übersicht über die Colonisten=Einwanderung in den Preußischen Staat unter den Churfürsten Friedrich Wilhelm dem Großen und seinen Nachfolgern, bis zum Absterben Friedrich des Zweiten, von 1640 bis 1786. Von C. R. Hansen, Z. Z. Rector der Universität und öffentlich-ordentlicher Lehrer der Geschichte. C. L. F. Apitz, Frankfurt a. d. Oder 1800
Heinz Kathe: *Der „Soldatenkönig" Friedrich Wilhelm I.* Akademie Verlag, Berlin 1981
Hans-Günther Mattern: *Die Entstehung der Dorfsiedlungen Dannenreich, Friedrichshof und Wenzlow und ihre Weiterentwicklung bis etwa 1900.* COBIS, Zernsdorf 1991
Ingrid Mittenzwei: *Friedrich der II. von Preußen. Eine Biographie.* VEB Deutscher Verlag der Wissenschaften, Berlin 1984
Ingrid Mittenzwei/Erika Herzfeld: *Brandenburg-Preußen 1648 bis 1789. Das Zeitalter des Absolutismus in Text und Bild.* Verlag der Nation. Berlin 1987.

Allgemeine Wirtschaftsgeschichte

Berlin und seine Eisenbahnen 1846–1896. Band 1 und 2. Herausgegeben im Auftrag des Königlich-Preußischen Ministers der Öffentlichen Arbeiten. Julius Springer Verlag, Berlin 1896
H. Rindt/H. Trost: *Dampfschiffahrt auf Elbe und Oder, den Berliner und Märkischen Wasserstraßen.* Selbstverlag, Bischofsheim/Wiedensahl 1982
Ch. J. Cremer: *Das gewerbliche Leben im Kreise Teltow.* Aus Veranlassung der Berliner Gewerbeausstellung 1896. Berlin 1900

Geschichte der Binnenfischerei

Friedrich Bestehorn: *Die geschichtliche Entwicklung des märkischen Fischereiwesens.* Ein Beitrag zur Kultur- und Wirtschaftsgeschichte der Mark Brandenburg. In: Archiv für Fischereigeschichte. Teil 1. Stollberg, Merseburg 1913

Wilibald von Schulenburg: *Märkische Fischerei.* Und: *Vater Hankel, ein Altmeister der Fischerei. In: Festschrift zum 25jährigen Bestehen des Fischerei-Vereins für die Mark Brandenburg.* Borntraeger, Berlin 1903

Kultur- und Kunstgeschichte

Die Kunstdenkmäler der Provinz Brandenburg. Band 4.1.: Kreis Teltow. Herausgegeben vom Brandenburgischen Provinzialverbande. Voss, Berlin 1941

Die Kunstdenkmäler des Kreises Teltow. Bearbeitet von H.-E. Kubach, J. Seeger u. a. Herausgegeben von Heinrich Jerschel. Deutscher Kunstverlag, Berlin 1941

Märkische Ansichten. Photographien 1865–1940. Herausgegeben von Janos Frecot und Wolfgang Gottschalk. Mit einem einleitenden Text von Günter de Bruyn. Nicolaische Verlagsbuchhandlung, Berlin 1990

Thomas Stange: *Die Genese des Instituts für Hochenergiephysik der Deutschen Akademie der Wissenschaften zu Berlin (1940–1970).* Dissertation. Hamburg 1998.

Fontaniana

Theodor Fontane: *Notizbücher* (unveröffentlicht), besonders A 4 (Königs Wusterhausen, Mittenwalde, Teupitz); A 19 (Aufzeichnungen an Bord der „Sphinx"); A 21 (kleine Notizen über Königs Wusterhausen). Theodor Fontane Archiv Potsdam

Theodor Fontane: *Gesammelte Werke.* Jubiläumsausgabe. Zweite Reihe in fünf Bänden. Autobiographische Werke/Briefe. Fünfter Band. S. Fischer Verlag, Berlin 1920

Theodor Fontane: *Autobiographische Schriften.* Band III/1: Christian Friedrich Scherenberg, Tunnel-Protokolle und Jahresberichte, Autobiographische Aufzeichnungen und Dokumente. Herausgegeben von Gotthard Erler, Peter Goldammer und Joachim Krueger. Aufbau-Verlag, Berlin und Weimar 1982

Theodor Fontane: *Briefe I.* Briefe an den Vater, die Mutter und die Frau. Herausgegeben von Kurt Schreinert. Zu Ende geführt und mit einem Nachwort versehen von Charlotte Jolles. Propyläen Verlag, Berlin 1968

Theodor Fontane: *Werke, Schriften, Briefe.* Abteilung IV/3: Briefe. Dritter Band. Herausgegeben von Walter Keitel und Helmuth Nürnberger. Carl Hanser Verlag, München 1980

Fontanes Briefe in zwei Bänden. Zweiter Band. Ausgewählt und erläutert von Gotthard Erler. Aufbau-Verlag, Berlin und Weimar 1989

Emilie und Theodor Fontane: *Die Zuneigung ist etwas Rätselvolles.* Der Ehebriefwechsel 1873–1898 (Dritter Band). Herausgegeben von Gotthard Erler unter Mitarbeit von Therese Erler. Aufbau Verlag Berlin und Weimar 1998.

Theodor Fontane: *Tagebücher 1866–1882, 1884–1898.* Herausgegeben von Gotthard Erler unter Mitarbeit von Therese Erler. Aufbau-Verlag, Berlin und Weimar 1994

Theodor Fontane: *Gedichte. Band III.* Herausgegeben von Joachim Krueger und Anita Golz. Aufbau-Verlag, Berlin und Weimar 1989

Theodor Fontane: *Wanderungen durch die Mark Brandenburg.* Vierter Teil. Spreeland. Beeskow-Storkow und Barnim Teltow. Herausgegeben von Gotthard Erler und Rudolf Mingau. Aufbau-Verlag, Berlin und Weimar 1994

Theodor Fontane: *Das Ländchen Friesack und die Bredows.* Unbekannte und vergessene Geschichten aus der Mark Brandenburg. Herausgegeben von Gotthard Erler und Therese Erler. Aufbau-Verlag, Berlin und Weimar 1994

Theodor Fontane: *Romane und Erzählungen in acht Bänden.* Band 5: Irrungen, Wirrungen/Stine/Quitt. Herausgegeben von Peter Goldammer, Gotthard Erler, Anita Golz und Jürgen Jahn. Aufbau-Verlag, Berlin und Weimar 1984

Günter de Bruyn: *Zum Beispiel Kossenblatt.* Über den Wanderer Fontane. Und: *Mein Liebling Marwitz oder Die meisten Zitate sind falsch.* In: Jubelschreie, Trauergesänge. Deutsche Befindlichkeiten. S. Fischer Verlag, Frankfurt a. M. 1991

Hubertus Fischer: *Gegen-Wanderungen.* Ullstein Verlag, Frankfurt a.M. und Berlin 1986

Heinz Gebhardt: *Fontane und Hankels Ablage.* In Heimatkalender für den Kreis Zossen 1969

Ernst Heilborn (Hrsg.): *Das Fontane-Buch.* Beiträge zu seiner Charakteristik. Unveröffentlichtes aus seinem Nachlaß. Das Tagebuch seiner letzten Lebensjahre. S. Fischer Verlag, Berlin 1919

Wolfgang E. Rost: *Örtlichkeit und Schauplatz in Fontanes Werken.* Walter de Gruyter u. Co., Berlin und Leipzig 1931

Wolfgang E. Rost: Unveröffentlichte Aufzeichnungen und Korrespondenzen, Vorarbeiten für seine Dissertationsschrift „*Örtlichkeit und Schauplatz in Fontanes Werken*" (im Hankelschen Familienarchiv)

Wanderführer

Aloys Hennes: *Hundert Nachmittagsausflüge in die Umgegend von Berlin.* J. & P. Lehmann, Berlin 1879 und 1884

Aloys Hennes: *100 Ausflüge in die Umgegend von Berlin (halbe und ganze Tagestouren).* Mit Bezeichnung der Wege und mit Hinweis auf die jetzigen Verkehrsmittel. J. & P. Lehmann. Berlin 1884 und 1888

F. E. Keller: *Straube's Wanderruderführer Hip Hip Hurra. Wegweiser für Ruderer, Segler, Motor- und Dampfbootfahrer auf den märkischen, mecklenburgischen und angrenzenden Gewässern.* Straube, Berlin 1909

Ausflüge von Berlin nach Zeuthen–Königs Wusterhausen –Neue Mühle–Rauchfangswerder. Wegebeschreibung mit farbiger Landkarte und Ansichtspostkarte. Verlag für Heimatliche Kultur Willy Holz, Berlin o. J. (vermutlich Anfang 20. Jahrhundert)

Hans Scholz: *Wanderungen und Fahrten in der Mark Brandenburg.* Band 6. Stapp Verlag, Berlin 1978

Periodika

Intelligenzblatt für den Teltower und Beeskow-Storkower Kreis. Nebenausgabe: Lokalanzeiger für Eichwalde, Schmöckwitz und Umgegend. Königs Wusterhausen, ab 1874

Mitteilungen des Zeuthener Seglervereins E.V. 1. Jahrgang, Nr. 3, vom 1. Juni 1929

Teltower Kreisblatt, mit Beilage Heimat und Ferne, Jahrgänge 1884, 1885, 1903, 1928

Teltower Kreiskalender, Jahrgänge 1904, 1905, 1908, 1923. Verlag Rob. Rohde, Berlin

Vossische Zeitung, Berlin, Jahrgänge 1884, 1885